高等医学院校实验教材

供基础、临床、预防、口腔、中医、护理等专业用

医学生物化学与分子生物学实验

主　编　宇　丽　吴颜晖

副主编　陈万群　蒋建伟　李恩民

编　委　（按姓名汉语拼音排序）
　　　　陈万群（暨南大学）
　　　　龚　青（广州医科大学）
　　　　贾红玲（暨南大学）
　　　　蒋建伟（暨南大学）
　　　　李恩民（汕头大学）
　　　　唐权东（汕头大学）
　　　　吴颜晖（暨南大学）
　　　　吴志慧（暨南大学）
　　　　宇　丽（暨南大学）
　　　　张嘉晴（暨南大学）

北京大学医学出版社

YIXUE SHENGWU HUAXUE YU FENZI SHENGWUXUE SHIYAN

图书在版编目（CIP）数据

医学生物化学与分子生物学实验/宇丽，吴颜晖主编．—北京：北京大学医学出版社，2023.6
　ISBN 978-7-5659-2781-2

Ⅰ.①医… Ⅱ.①宇…②吴… Ⅲ.①医学化学 – 生物化学 – 实验 – 医学院校 – 教材②医药学 – 分子生物学 – 实验 – 医学院校 – 教材　Ⅳ.①Q5-33②Q7-33

中国版本图书馆 CIP 数据核字（2022）第 230213 号

医学生物化学与分子生物学实验

主　　编：	宇　丽　吴颜晖
出版发行：	北京大学医学出版社
地　　址：	（100191）北京市海淀区学院路 38 号　北京大学医学部院内
电　　话：	发行部 010-82802230；图书邮购 010-82802495
网　　址：	http://www.pumpress.com.cn
E-mail：	booksale@bjmu.edu.cn
印　　刷：	北京溢漾印刷有限公司
经　　销：	新华书店
责任编辑：	法振鹏　　责任校对：靳新强　　责任印制：李　啸
开　　本：	787mm×1092mm　1/16　印张：11　字数：273 千字
版　　次：	2023 年 6 月第 1 版　2023 年 6 月第 1 次印刷
书　　号：	ISBN 978-7-5659-2781-2
定　　价：	35.00 元

版权所有，违者必究

（凡属质量问题请与本社发行部联系退换）

暨南大学本科教材资助项目

前 言

多年以来,一直想拥有一本适合医学相关专业本科生使用的实用性生物化学与分子生物学实验教材,经过努力,今天终于实现了。

本书以培养实用型医学人才为目标,以教学大纲为依据,主要侧重于训练医学本科学生的基本实验技能,使学生了解并掌握生物化学与分子生物学的基本实验方法。全书包括生物化学与分子生物学实验技术共31个,涵盖了生物化学及分子生物学所涉及的基本实验原理及技术;同时介绍了本科生实验常用的仪器使用方法及基本试剂的配制方法。

本科是打基础的阶段,只有打好实验基础,未来才能成长为合格的科研人才。

本书的特点是实用性强,内容丰富,基础性强;并紧密联系临床,让学生了解和掌握实验的具体目的、原理和方法,有兴趣进一步了解、认识实验的设计、原理和结果,学习如何通过实验及实验中的现象、结果来发现问题及怎样解决问题。本书适合基础医学、临床医学、预防医学、药学、医学检验、中医学、护理学、口腔医学、医学影像等相关专业的本科生使用,可根据不同专业培养目标和要求,选择相应的实验项目。

本书由暨南大学本科教材资助项目资助编写完成,感谢暨南大学及各位领导、老师的帮助,感谢各位编者的辛勤努力。

由于编者水平有限,书中难免存在疏漏和不当之处,恳请使用者批评指正,谢谢!

编 者

目 录

生物化学与分子生物学实验室基本规则 ……………………………………… 1

实验室安全及防护 ……………………………………………………………… 2

实验误差与数据处理 …………………………………………………………… 5

实验记录及实验报告 …………………………………………………………… 9

实验一 生物化学与分子生物学基本操作 ………………………………… 11

　一、玻璃仪器的洗涤 ………………………………………………………… 11

　二、微量移液器的使用方法 ………………………………………………… 12

　三、比色分析原理及光电比色计的使用 …………………………………… 13

实验二 蛋白质的定性实验（沉淀反应） ………………………………… 18

　一、重金属盐沉淀蛋白质 …………………………………………………… 18

　二、生物碱试剂／有机酸沉淀蛋白质 ……………………………………… 19

　三、高浓度中性盐分级沉淀蛋白质 ………………………………………… 20

　四、加热沉淀蛋白质 ………………………………………………………… 21

实验三 酪蛋白等电点的测定 ……………………………………………… 23

实验四 蛋白质的呈色反应 ………………………………………………… 25

　一、双缩脲反应 ……………………………………………………………… 25

　二、茚三酮反应 ……………………………………………………………… 27

　三、米伦反应 ………………………………………………………………… 28

　四、黄蛋白反应 ……………………………………………………………… 29

　五、乙醛酸反应（霍普金斯－科尔反应） ………………………………… 31

实验五 蛋白质含量测定 …………………………………………………… 32

　一、Lowry 法测定蛋白质浓度 ……………………………………………… 32

二、凯氏定氮法测定血清蛋白质含量……………………………………………34

　　三、紫外分光光度法测定蛋白质含量……………………………………………38

　　四、BCA 法测定蛋白质含量（可见分光光度法、试剂盒法）………………39

实验六 凝胶过滤层析法脱盐分离丙种球蛋白……………………………………43

实验七 离子交换层析分离氨基酸…………………………………………………47

实验八 酶的性质……………………………………………………………………51

　　一、酶的专一性……………………………………………………………………51

　　二、温度对酶活性的影响…………………………………………………………52

　　三、pH、激活剂、抑制剂对酶活性的影响……………………………………54

　　四、血清淀粉酶同工酶的分离……………………………………………………55

实验九 Winslow 法测定尿（血清）中淀粉酶活性………………………………58

实验十 丙二酸对琥珀酸脱氢酶活性的竞争性抑制………………………………60

实验十一 磷酸苯二钠法测定碱性磷酸酶…………………………………………63

实验十二 血清谷丙转氨酶（GPT）测定（赖氏法）……………………………68

实验十三 血糖浓度测定……………………………………………………………72

　　一、葡萄糖氧化酶法测定血糖浓度………………………………………………72

　　二、邻甲苯胺法测定血糖浓度……………………………………………………74

　　三、Folin-吴氏法血糖的测定……………………………………………………75

实验十四 胰岛素和肾上腺素对血糖浓度的影响…………………………………78

实验十五 饱食和饥饿对小鼠肝糖原含量的影响…………………………………80

实验十六 血清总胆固醇和 HDL 胆固醇含量的测定……………………………83

实验十七 血清总胆固醇测定（醋酐-硫酸单一显色法）………………………86

实验十八 水果和蔬菜中抗坏血酸的测定…………………………………………88

实验十九 电泳………………………………………………………………………91

　　一、血清蛋白醋酸纤维素薄膜电泳………………………………………………91

　　二、血清脂蛋白琼脂糖凝胶电泳…………………………………………………94

　　三、血红蛋白的醋酸纤维薄膜电泳………………………………………………96

　　四、聚丙烯酰胺凝胶圆盘电泳法分离血清蛋白…………………………………98

五、不同pH下的血红蛋白电泳 ·· 104
实验二十　谷丙转氨酶的转氨基作用（纸层析法）····························· 106
实验二十一　血清中无机磷含量的测定 ··· 111
实验二十二　血清中尿酸含量的测定 ·· 114
实验二十三　血清中钙含量的测定 ··· 117
实验二十四　血清中胆红素的定量测定（凡登白法）····························· 120
实验二十五　改良J-G法测定血清胆红素 ·· 123
实验二十六　血清肌酐含量测定（苦味酸法）····································· 128
实验二十七　猪脾DNA的提取和鉴定 ·· 131
实验二十八　质粒DNA的提取、纯化和鉴定····································· 135
实验二十九　聚合酶链反应 ·· 142
实验三十　血清清蛋白的分离及电泳鉴定··· 147
实验三十一　消化三大营养物质的酶活性测定设计与试验····················· 151
　　一、消化三大营养物质的酶活性测定设计 ··································· 151
　　二、唾液淀粉酶活性测定 ·· 151
附录 ··· 154
　　一、常用仪器的使用及注意事项 ·· 154
　　二、试剂的配制 ·· 159
主要参考文献 ··· 164

生物化学与分子生物学实验室基本规则

1. 自觉遵守实验室秩序，保持室内安静，严禁高声喧哗，不迟到早退。

2. 实验室是实施教学、科研的重要场所，实验室的安全是实验工作正常进行的基本保证。凡进入实验室工作或学习的人员必须认真学习实验室有关管理条例、实验室安全条例和安全技术操作规程。严格遵守实验室的相关规章制度，未经允许，不得擅自动用实验室的仪器设备和安全设施。

3. 在实验室内，不得随意使用与实验无关的仪器、设备、工具、材料等，更不能随意做规定以外的其他实验。

4. 进入实验室做实验的人员必须穿白大衣。实验过程中请戴好手套。不得穿凉鞋、高跟鞋或拖鞋；留长发者应束扎头发。

5. 实验台面应随时保持整洁，实验过程井然有序，公共试剂用完后立即盖好盖子，放回原处，切勿盖错。注意保持药品和试剂的纯净，避免污染。

6. 实验室卫生制度。实验室内要保持肃静和整洁，不准携带食物及饮用水进入实验室。严禁乱丢杂物，禁止在实验桌、橱、墙壁、实验仪器设备如洗耳球等上涂写乱画。每个实验班次由本班班长排好值日生表，在实验室管理老师处报备并张贴公示。每次实验课后，值日生整理中央台试剂及关闭所使用的仪器设备。完成实验后清洁台面及地面，维持进实验室时的卫生状态。

7. 实验室垃圾分类回收。普通生活垃圾如废纸、纸巾等入生活垃圾桶。有害垃圾、生物垃圾如平时实验用过的一次性手套、吸管、加样枪头等入黄色生物垃圾桶。实验后废弃试剂、样品倒入废液回收桶。

8. 实验室要做好防火、防触电工作，严禁在易燃、易爆等危险品附近做实验，更禁止使用明火。

9. 实验室的危险化学品指定专人管理。相关危险化学品领用必须专人审批，限量发放。其使用过程必须严格控制和监督，对其领、用、剩、废、耗的数量要详细记录，用剩者核对数量后做到及时退库。

10. 最后离开实验室的人员要负责检查水、电、门、窗及相关设施的关闭情况，确认实验室安全无误后，经实验教师检查同意后方可离开实验室。

11. 对实验室存在的不安全因素，要及时向指导老师反映，做好整改。对造成事故的人员，应根据情节轻重，按有关规定及时处理。

（吴志慧）

实验室安全及防护

一、火灾

1. 发生火灾时，应立即切断或通知相关部门切断电源。按照"先人员，后物资，先重点，后一般"的原则抢救被困人员及贵重物资。要有计划、有组织地疏散人员，进行救护时要戴齐防护用具，注意自身安全，防止发生意外事故，每层楼过道均配置灭火器、疏散引导箱及应急药品箱。

2. 根据火灾类型，采用不同的灭火器材进行灭火。实验室备用的手提式灭火器可灭火种类如普通固体材料火、油类火、可燃气体火和带电的电器火等。使用方法：先拔出保险销，然后将喷嘴对准火源根部按下压把喷射即可。

二、爆炸

1. 发生爆炸时，在场人员要立即卧倒，趴在地面不要动，用手抱头迅速蹲下，借助其他物品掩护，就近找掩蔽体掩护。如果爆炸引起火灾、烟雾弥漫时，要做适当防护，尽量不要吸入烟尘，防止灼伤呼吸道，尽可能将身体压低，手脚触地爬到安全处。

2. 爆炸过后，非从业人员不要前往事发地区，防止发生新的伤害事故。

三、化学品伤害

1. 如发生酸碱轻度灼伤，可先用大量清水冲洗，再用5%碳酸氢钠（酸轻度灼伤）或2%稀硼酸（碱轻度灼伤）冲洗。可视情况使用水龙头、洗眼器、紧急喷淋装置等。如果化学品溅洒在眼睛上，切勿用手揉搓，应立即用洗眼器冲洗，冲洗时要避免水流直射眼球，并及时送医。

2. 如酚触及皮肤引起灼伤，可用乙醇洗涤。

3. 如发生气体中毒，应马上组织人员打开窗户通风，并疏散师生离开实验室到安全的地方。中毒严重出现昏迷者，应立即由具有人工呼吸常识的人员做人工呼吸，并马上联系医院救治。

4. 如发生入口中毒，应根据毒物种类采取适当处理方法，酸碱类腐蚀物品先大量饮水，再服用牛奶或蛋清；其他毒物先行催吐后再灌入牛奶，催吐可用手指伸入咽喉部，促使呕吐，并及时送往医院救治。

四、触电

1. 出现触电事故，应立即切断电源并拔下电源插头，若来不及切断电源，可用绝缘物如木棍（切不可用金属或潮湿物）挑开电线。在未切断电源之前，切不可用手去拉触电者。分析漏电的程度，如果较为严重，在切断电源后，马上通知学校电工处置。

2. 遇到人员触电，触电的最初几秒是抢救能否成功的关键时间。触电较轻，昏迷但尚未完全失去知觉时，可将触电者转移至空气流通处静卧休息，冬季要注意保暖。如出现休克现象，要立即实施人工呼吸，并马上联系医院救治。

五、创伤

1. 在实验室受到尖锐物体创伤时，伤处不能用手触摸，也不可用水洗涤，轻伤可涂甲紫溶液（碘酊），贴上创可贴，必要时用绷带包扎。若是玻璃创伤，应把碎玻璃从伤处挑出。实验室内配置应急药品箱。

2. 造成创伤的物体有锈蚀等情况时，在简单处理伤口后，还应及时到医院视情况需要注射破伤风疫苗。

3. 创伤严重者应立即联系医院救治。

六、烫伤、烧伤

1. 受到烫伤、烧伤，伤处皮肤未破时，立即用大量冷水冲洗患处，可抹烫伤膏，以减轻灼痛，若疼痛未缓解，请及时到校医院就医。如果伤处皮肤已破，不要用冷水洗涤伤处，及时送医。实验室内配置应急药品箱。

2. 受金属熔液烫伤时，应立即采取措施使伤者脱离致伤源，保持呼吸道通畅，保护创伤面，并立即联系医院救治，同时报告学院安全领导小组成员。

3. 被液氮冻伤后，不要揉搓冻伤处，应立即脱下溅上液氮的衣物，及时送往最近的医院进行救助。

七、高压灭菌锅烫伤、爆炸事故

1. 灭菌锅泄漏蒸汽时，立即关闭设备停止加热。若有人员被蒸汽烫伤，立即用大量冷水冲洗患处，以减轻灼痛，及时到医院就医。

2. 发生灭菌锅爆炸事故时，在场人员要立即卧倒，趴在地面不要动，手抱头迅速蹲下，或借助其他物品掩护就近找掩蔽体掩护。爆炸过后，非从业人员不要前往事发地区，防止发生新的伤害事故，受伤人员立即送往医院救治。

八、微生物安全意外事件

1. 潜在危害性物质意外食入的紧急处理。应脱下受害人的防护服并送到急救室。告诉医生食入的物质并按照其建议进行处理。应当保留完整适当的医疗记录。

2. 潜在危害性气溶胶释放的紧急处理。所有人员必须立即撤离相关区域。任何暴露人员都应接受医学咨询。应当立即通知实验室负责人和生物安全负责人。为使气溶胶排出和较大的粒子沉降，至少 30 分钟内严禁人员入内。在此期间应当张贴"禁止进入"的标志。在消除污染工作中应穿戴适当的防护服和呼吸防护用具。

3. 意外注射、切割伤或擦伤的紧急处理。受伤人员应当脱下防护服，清洁手部和受伤部位，使用适应的皮肤消毒剂，到急救室进行处理，并告知负责人员受伤原因和相关的微生物。应当保留完整适当的医疗记录。

4. 培养物等感染性物质的破碎及溢出的紧急处理。立即用布或纸巾覆盖感染性物质污染的破碎物品及溢出的感染性物质（包括培养物），然后在上面倒上消毒剂，至少 30 分钟后将布、纸巾以及未破碎物品消毒处理。玻璃碎片用镊子清理，然后再用消毒剂擦拭污染区域。用于清理的布、纸巾和抹布等应当放在感染污染性废物的容器内。所有这些操作要戴口罩及手套。

5. 盛有潜在危害性物质的离心管发生破裂的紧急处理。运行时发生破裂或怀疑发生破裂，立即关闭机器电源，密闭离心桶至少 30 分钟，使气溶胶沉积。机器停止后出现破裂，应立即盖上盖子，并关闭 30 分钟。戴口罩及结实手套，用镊子取出碎片，用棉签清洁污物，再用无腐蚀性、杀灭病原微生物的消毒剂处理破碎的离心管、碎片、离心桶和十字转子。

6. 疑似感染的紧急处理。若操作者或其他实验室工作人员出现不明接触的病原微生物导致疾病症状，应视为可能发生实验室感染，应及时就诊并如实主诉工作性质和发病情况，采取必要的隔离防护措施。

（吴志慧）

实验误差与数据处理

一、误差

在进行定量分析实验测定的过程中，很难使测量出来的数值与客观存在的真实值完全相同。真实值与测量值之间的差别称作误差。通常用准确度和精密度来评价测量误差的大小。

准确度是实验分析结果与真实值相接近的程度，通常用误差的大小来表示，误差越小，准确度越高。误差又分为绝对误差和相对误差。其表示式分别如下：

$$绝对误差 = 测定值 - 真实值$$

$$相对误差（\%）= \frac{绝对误差}{真实值} \times 100\%$$

但是真实值是并不知道的。因此，在实际工作中无法求出分析的准确度，只能用精密度来评价分析的结果。精密度是指在相同条件下，进行多次测定后所得数据相近的程度。精密度一般用偏差来表示。偏差也分绝对偏差和相对偏差：

$$绝对偏差 = 个别测定值 - 算术平均值（不计正负号）$$

$$相对偏差 = \frac{绝对误差}{算术平均值} \times 100\%$$

和误差的表示方法一样，用相对偏差来表示实验的精密度比用绝对偏差更有意义。如在分析实验中，常做两次平行测定，这时就应用下式表达结果的精密度：

$$\frac{两次分析结果的差值}{平均值} \times 100\%$$

请注意，误差和偏差具有不同的含义，误差以真实值为标准，而偏差以平均值为标准。由于物质的真实值一般是无法知道的，我们平时所说的真实值其实只是采用各种方法进行多次平行分析所得到相对正确的平均值。用这一平均值代替真实值来计算误差，得到的结果仍然只是偏差。

二、产生误差的原因和校正

产生误差的原因很多，一般根据误差的性质和来源将误差分为系统误差和偶然误差两类。

（一）系统误差

系统误差与分析结果的准确度有关，它是由分析过程中某些经常发生的原因所造成的，其对分析结果的影响比较稳定。在重复测定时，常常重复出现。这种误差的大小与正负往往可以估计出来，因而可以设法减少或校正。

1. 系统误差的来源

（1）操作误差：由于每个人掌握操作规程与控制条件常有出入而造成，如不同的操作者对滴定终点颜色变化的判断会有差别等。

（2）方法误差：由于分析方法本身所造成的，如重量分析中沉淀物少量溶解或吸附杂质；容量分析中等量点和滴定终点不完全符合等。

（3）仪器误差：因仪器本身不够精密所造成，如天平、砝码、量器等不够准确。

（4）试剂误差：来源于试剂或蒸馏水不纯等。

2. 减少系统误差常采取的措施

（1）空白试验：为了消除由试剂等因素引起的分析误差，可在测定时不加样品的情况下，按照与样品测定完全相同的操作手续，在完全相同的条件下进行分析，所得的结果为空白值，将样品分析的结果扣除空白值，可以得到比较准确的结果。

（2）回收率测定：做这种测定时，取一标准物质（其中的组分含量是已经精确知道的）与待测的未知样品同时做平行测定。测得的量与所取的量之比的百分率就称为回收率。这种由标准样品测得的回收率可以用来检验、表达某些分析过程的系统误差，因为系统误差越大，回收率越低。

（3）仪器校正：定期对测量仪器（如移液器、容量仪器等）进行校正，以减少误差。

（二）偶然误差

偶然误差与分析结果的精密度有关，它来源于难以预料的因素。如取样不均匀或测定过程中某些不易控制的外界因素的影响。在生物测定法中，由于影响生物的因素是多方面的，往往造成较大的误差。为减少偶然误差，一般采取的措施是：

1. 平均取样。新鲜组织可制成匀浆后取样；细菌通常制成悬液，打散摇匀后，再量取一定体积的菌体样品进行分析；固体样品极不均匀，应于取样前先进行粉碎、混匀。

2. 多次取样。根据偶然误差出现的规律，如果进行多次平行测定，然后取其算术平均值，就可减少偶然误差。平行测定的次数越多，其平均偶然误差就越小。

除以上两类误差外，还有因操作事故引起的"过失误差"，如读错刻度、溶液溅出、加错试剂等。这时可能出现一个很大的"误差值"，在计算算术平均值时，此种数值应弃去不用。

实际工作中，应根据需要的准确度选择测量手段（仪器及方法），例如分析样品时，要求准确到 0.1 g，只需使用台秤，不必使用分析天平。如果需要较高的准确度，又无适宜的仪器设备，则可用提高样品用量的方法来实现。

三、有效数字

有效数字应是实际可能测量到的数字，应该选取几位有效数字，取决于实验方法与所用仪器的精确程度。

例如，用分析天平称得某物质重为 1.2345 g，是五位有效数字；而用台秤称得该物质重为 1.23 g，则只有三位有效数字；读取某滴定管液面刻度为 8.35 ml，是三位有效数字。上面各数字的最后一位数字是不可靠的，称为可疑数，也称估计值，其他的数字均是准确的。因此，所谓有效数字，即在一个数值中，除最后一位是可疑数外，其他各数都是确定的。

数字 1、2、3……9 都可作为有效数字，只有"0"特殊，它在数字中间或数字后面时，一般地说是有效数字，但在数字前面时，它只是定位数字，用来表明小数点的位置，而不是有效数字。

例如：

1.38012	六位有效数字
13.001	五位有效数字
13.00	四位有效数字
0.0324	三位有效数字
0.0024	两位有效数字
200	有效数字不明确

在 200 中，后面的 0 可能是有效数字，也可能是定位数字。为了避免混乱，一般写成标准式：如 35 000 ± 1000 可写成 $(3.5 ± 0.1) × 10^4$ 或 $(3.50 ± 0.10) × 10^4$ 或 $(3.500 ± 0.100) × 10^4$，它们的有效数字依次为二、三、四位。

四、数据处理

对实验中所得到的一系列数值，采取适当的处理方法进行整理、分析，才能准确地反映出被研究对象的数量关系。在生化实验中通常采用列表法或作图法表示实验结果，可使结果表达得清楚、明了，而且还可以减少和弥补某些测定的误差。根据对标准样品的一系列测定，也可以列出表格或绘制标准曲线，可由测定数据直接查出结果。

1. 列表法。将实验所得各数值用适当的表格列出，并表示出它们之间的关系。通常数据的名称和单位写在标题栏中，表内只填写数字。数据应正确反映测定的有效数字，必要时应计算出误差值。

2. 作图法。实验所得到的一系列数据之间关系及其变化情况，可以用图线直观地表现出来。作图时通常先在坐标纸上确定坐标轴，标明轴的名称和单位，然后将各数值点用

"+"字或"×"字标注在图纸上，再用直线或曲线把各点连接起来。图形必须是很平滑的，可以不通过所有的点，而要求线两旁偏离的点分布较均匀。在画线时，个别偏离过大的点应当舍去，或做重复实验校正。采用作图法时至少要有五个以上的点，否则便没有意义。

（宇 丽）

实验记录及实验报告

一、实验记录

实验是在理论指导下的科学实践，对培养科学思维、分析判断和解决实际问题的能力是很好的训练。为了做到心中有数，实验前要将有关实验的内容及理论依据进行预习。

预习内容包括：实验名称、目的和要求、原理、实验内容、操作方法和步骤等简单扼要地写在记录本中。

实验记录本应标上页数，不要撕去任何一页，更不要擦抹及涂改，写错时可以准确地划去重写。记录时必须使用钢笔或圆珠笔。

实验中应一丝不苟，培养严谨的科学作风。实验中观察到的现象、结果和数据，应该及时地直接记在记录本上，字迹要清楚、整洁。绝对不可以用单片纸做记录或草稿。原始记录必须准确、简练、详尽、清楚。从实验课开始就应养成这种良好的习惯。

记录时，应做到正确记录实验结果、切忌夹杂主观因素，这是十分重要的。在实验条件下观察到的现象，应如实仔细地记录下来。在定量实验中观测的数据，如称量物的重量、滴定管的读数、光电比色计或分光光度计的读数等，都应设计一定的表格准确记下正确的读数，并根据仪器的精确度准确记录有效数字。例如，吸光度值为 0.050 不应写成 0.05。每一个结果最少要重复观测 2 次以上，当符合实验要求并确知仪器工作正常后再写在记录本上。实验记录上的每一个数字都是反映每一次的测量结果，所以，重复观测时即使数据完全相同也应如实记录下来。数据的计算也应该写在记录本的另一页上，一般写在正式记录左边的一页。总之，实验的每个结果都应正确无遗漏地做好记录。

实验中使用仪器的类型、编号以及试剂的规格、化学式、分子量、准确的浓度等，都应记录清楚，以便总结实验时进行核对和作为查找成败原因的参考依据。

如果发现记录的结果有怀疑、遗漏、丢失等，都必须重做实验。因为，将不可靠的结果当作正确的记录，在实际工作中可能造成难以估计的损失。所以，在学习期间就应一丝不苟，努力培养严谨的科学作风。

二、实验报告

实验结束后，应及时整理和总结实验结果，写出实验报告。其内容应包括下列项目：

1. 实验日期及实验名称。

2. 扼要叙述实验原理及目的要求，用自己的语言表达，不能照抄。

3. 操作步骤要简明扼要，或用箭头表示，尽量设计一定的表格填写，使人一目了然。

4. 实验结果、现象、数据进行记录、计算，如有标准曲线等，则要绘制成图。

5. 讨论。对实验的方法（或操作技术）、结果等方面进行分析讨论，包括所用方法是否正确、所得结果是否与预期的结果相符等，如结果与预期有偏差，原因在哪里？对实验设计的认识、体会和建议；对实验课的改进意见等。

6. 结论。从实验结果得出什么样的结论。

（宇　丽）

实验一
生物化学与分子生物学基本操作

一、玻璃仪器的洗涤

医学生物化学和分子生物学实验中要用到很多玻璃仪器，所用的玻璃仪器清洁与否会直接影响实验结果。往往由于仪器的不清洁而造成实验结果的不准确，甚至会出现相反的实验结果。因此，仪器的洗涤工作是非常重要的。

1. 首次使用玻璃仪器的清洗。新购买的玻璃仪器首先用自来水洗去表面灰垢，然后用洗衣粉刷洗，自来水冲净后，烘干。浸泡在1%~2%盐酸溶液中过夜以除去玻璃表面的碱性物质。取出后用自来水冲洗干净，并用蒸馏水冲洗3次，80~100℃烤干备用。

2. 使用过的玻璃仪器的清洗。使用过的玻璃仪器应先用自来水冲洗，用刷子蘸少量去污粉，将仪器内外刷1遍，再边用水冲边刷洗至肉眼看不见有去污粉时，用自来水洗3~6次，最后用蒸馏水顺壁冲洗3次以上。洗干净的玻璃仪器应该以挂不住水珠为度。经蒸馏水冲洗后的仪器，用酸碱指示剂检查应为中性。

3. 比较脏的仪器或不便刷洗的仪器清洗。使用前应用流水冲洗，以除去黏附物。如果仪器上有凡士林或其他油污，应先用软纸擦除，再用有机溶剂擦净，最后用自来水冲洗。待仪器晾干后，放入铬酸洗液中浸泡过夜，取出后用自来水充分冲洗，再用蒸馏水冲洗至少3次。

4. 普通玻璃仪器可在烘箱内烘干，但定量的玻璃仪器如吸管、滴定管、量筒、容量瓶等不能加热，应晾干备用。因为有刻度的容器加热后会导致刻度不准。另外，分光光度计中的比色杯的四壁是用特殊胶水粘合而成的，受热后会松散，所以也不能烘干，使用后用自来水冲洗3遍后再用蒸馏水冲洗至少3次，晾干备用。

注意事项

1. 洗涤仪器前，需要用肥皂将双手清洗干净。
2. 铬酸洗液不能碰到碱式滴定管的胶管。

3. 不可盲目地将各种试剂混合作洗涤剂使用，也不可以任意使用各种试剂来洗涤玻璃仪器。

（张嘉晴）

二、微量移液器的使用方法

微量移液器是一种简便、快捷的多用途移液量具，可用于液样的精密采样和分液（图1-1）。所有微量移液器的操作都基于空气置换的原理。本实验室常用的微量移液器的量程分别为 100~1000 μl、20~200 μl、5~50 μl、2~20 μl、0.5~10 μl 几种，配合各种规格一次性枪头使用，蓝色枪头为 1000 μl 规格，黄色枪头配合 20~200 μl、5~50 μl、2~20 μl 微量移液器使用，白色枪头为 0.5~10 μl 规格。

微量移液器的操作

1. 设置量程。手柄的显示窗可清晰地显示移液器移液量。移液量通过顺时针或逆时针旋转操作按钮来设置。在设置量程时，首先看清移液器的量程范围，所设置的量程必须在移液器的量程范围内。不要将按钮旋出量程，否则会卡住机械装置，损坏移液器。

2. 密封和推出枪头。将枪头紧紧按在移液器圆锥（管嘴连接处）上，它们之间形成一个清晰的密封接触面。若连接不紧密，则会漏液，导致所取体积不准确。移液操作结束后，向下按卸载按钮退出枪头。

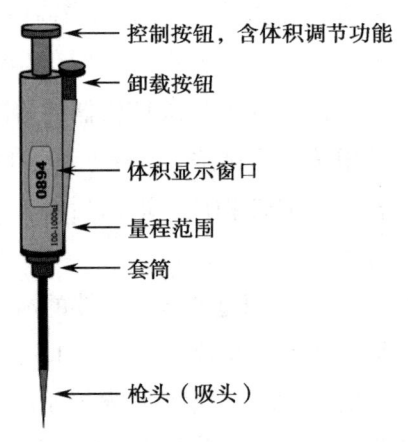

图 1-1 微量移液器示意图

3. 移液。吸液前预洗枪头，即洗液、排液几次。预洗新吸头能有效提高移液的精度和重现性。这是因为第一次吸取的液体会在吸头内壁形成液膜，导致计量误差。而同一吸头在连续操作时液膜相对保持不变，故预洗来消除误差。

始终用拇指控制按钮下压、松抬动作。微量移液器有两个档位，当慢慢压按钮时在第一次感到阻力突然明显增大时是第一档。当在第一档的基础上继续按按钮时，一按到底的地方是二档。吸取液体时将移液器在空气中缓慢按到一档，并用大拇指保持适当力度按压使之停止在一档。然后将移液器保持垂直姿势，慢慢垂直将枪头尖端浸入液体，一般将枪头浸入液体 3~4 mm 即可。缓慢松开拇指，让按钮缓慢恢复，这时液体会慢慢进入枪头中。松开大拇指不要过快，否则容易吸入气泡。按钮完全恢复之后，停留 2 s 后再将移液器移开液体。

4. 放液。吸取液体时用一档，排除液体时为了将枪头中的液体全部排出，需要排更多的空气出来，因此排液时可压到二档。将枪头口贴到容器内壁并保持 10°~40° 倾斜，平稳地把按钮压到第一档，等 1 s 后再把按钮压至第二档以排出剩余液体。压住按钮，同时提起移液器，使枪头贴容器壁擦过。松开按钮。按枪头卸载按钮除去枪头（只有改用不同液体时才需更换枪头）。

5. 使用完毕后，应把微量移液器复位到移液器的最大量程，如 100～1000 μl 量程的移液器恢复至 1000 μl 并放到架子上。

注意事项

1. 操作时要慢和稳。
2. 连续可调式加样器在取样加样过程中应注意移液枪头不能触及其他物品，以免被污染；移液枪头盒、废液瓶、所取试剂及加样的样品管应摆放合理，以方便操作、避免污染为原则。
3. 连续可调式加样器在使用完毕后应置于移液器架上，远离潮湿及腐蚀性物质。
4. 枪头浸入液体深度要合适，吸液过程中尽量保持不变。
5. 改吸不同液体、样品或试剂前要更换新枪头。
6. 发现枪头内有残液时必须更换。
7. 新枪头使用前应先预洗。
8. 为防止液体进入移液器套筒内，必须注意以下几点：①压放按钮时保持平稳；②移液器不得倒转；③枪头中有液体时不可将移液器平放。
9. 不可把量程调超其适用范围。
10. 养成良好的科研习惯，不能用手直接接触移液枪头，以防污染或有害液体的腐蚀。

（吴志慧）

三、比色分析原理及光电比色计的使用

比色分析法是通过比较有色物质溶液颜色的深浅来测知该物质浓度的方法。有些被检测物质溶液本身具有颜色，而有些虽然不具有颜色，但加入适当的显色剂后能生成有色物质，其产生颜色的深浅与被检物的浓度成正比（该溶液称待测液或未知液）。借助于光电比色计与另一已知浓度的同种纯物质溶液进行比色（该溶液称已知液或标准液），通过计算就可求知未知溶液的浓度。这种比色分析法是目前临床生化检验中常用的定量方法之一。

原理

有色溶液对光线有选择性的吸收作用，不同物质由于其分子结构不同，对不同

光线的吸收能力也不相同。测定溶液中存在的光吸收物质的浓度,其理论依据就是 Lambert-Beer 定律。

Lambert-Beer 定律:当一束单色光透过有色溶液后,由于溶液吸收了一部分光,所以光线的强度就要减弱。当溶液浓度不变时,透过的液层越厚,则光线强度的减弱越显著。假设光线通过溶液前的强度为 I_0(入射光强度),通过液层的厚度为 L 后,其强度减弱为 I(透过光强度),则 $\dfrac{I}{I_0}$ 表示光线透过溶液的强度,称为透光度,用 T 表示(图 1-2)。

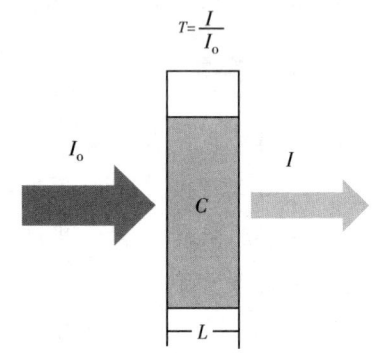

图 1-2　光线透过溶液介质示意图

T 的数值一般小于 1,只有当溶液完全不吸收时 T 才等于 1。T 随溶液厚度的增加而减小,但实践证明,T 与溶液厚度间并不存在简单的定量关系,只有 T 的负对数($-\lg T$)才随溶液厚度的增加而成正比例地增加。

$$-\lg T = -\lg \dfrac{I}{I_0} = \lg \dfrac{I_0}{I} \propto L \qquad 写成等式则:\lg \dfrac{I_0}{I} = K_1 L$$

式中 $\lg \dfrac{I_0}{I}$ 称为吸光度(A),又称消光度(E),或光密度(OD 或 D)。

即:
$$A = K_1 L$$

由上式可知,当溶液的浓度不变时,吸光度与溶液液层的厚度成正比,即为 Lambert-Beer 定律。

当一束单色光通过有色溶液后,溶液液层的厚度不变而浓度不同时,溶液的浓度越大,则透射光的强度越弱,其间的定量关系推导同上:

$$\lg \dfrac{I_0}{I} = K_2 C$$

$$A = K_2 C$$

C 为有色物质的浓度,以上的 K_1 或 K_2 为常数,受光线、波长、溶液性质和溶液浓度或厚度的影响。因此,Lambert-Beer 定律的意义是当溶液液层的厚度不变时,A 与溶液的浓度成正比。

如果同时考虑吸收层的厚度和溶液浓度对光吸收的影响,则将上式合并起来即是 Lambert-Beer 定律。即吸光度与溶液的浓度和液层的厚度的乘积成正比:

$$\lg \dfrac{I_0}{I} = KCL$$

$$A = KCL$$

在比色分析中,在相同条件下在测定未知溶液浓度(C_1)的吸光度(A_1)同时也测定已知浓度(C_2)的标准液的吸光度(A_2)。从上述公式可得:

$$A_1 = \lg\frac{I_o}{I} = K_1 C_1 L_1 \qquad A_2 = \lg\frac{I_o}{I} = K_2 C_2 L_2$$

因为测定成分相同，故 $K_1 = K_2$。比色皿也相同，故 $L_1 = L_2$。所以比色法测得的 A_1 与 A_2 的比值，也等于两溶液浓度之比。即：

$$\frac{A_1}{A_2} = \frac{C_1}{C_2}$$

因此：未知液浓度（C_1）= $\dfrac{\text{测定管吸光度}（A_1）}{\text{标准管吸光度}（A_2）}$ × 标准液浓度（C_2）

上述公式是比色分析中常用的重要公式，只要再乘以样品的稀释倍数，就可求得该物质的含量。

光电比色计的结构

不论是光度计或比色计，其基本结构是相似的，一般都由光源、单色光器（滤光片或棱镜）、比色杯、光电池和检测系统等组成（图1-3）。

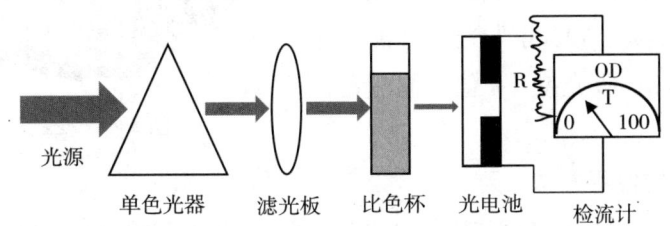

图1-3 光电比色计结构模式图

1. 光源。一个良好的光源要求具备发光强度高、光亮、稳定、光谱范围较宽和使用寿命长等特点，一般比色计上用 6~8 V 的灯泡，使照射到光电池上的强度适中。而光度计则用有稳压调控的钨灯，适用于 340~900 nm 范围的光源，更先进的分光光度计则用外加稳压调控的氢灯，适用于 200~360 nm 紫外分光分析的光源。

2. 单色光器。其作用在于根据需要选择一定波长范围的单色光。有些比色计则用滤色片（表1-1）。而分光光度计则用棱镜和光栅，能较好地在较宽光谱范围内分离出相对纯波长的光线。单色光的波长范围越窄，仪器的敏感性越高，测定的结果越精确。

表1-1 滤色片选用参考表

滤色片编号	最大透光度的波长（nm）	滤色片的颜色	被测溶液的颜色
42	415	蓝紫色	绿黄色、深黄色、橘色
50	510	绿蓝色	深红色、深紫色、青紫色、紫蓝色
65	650	深红色	蓝绿色、深蓝色、蓝色

3. 比色杯。是用来盛放测定溶液的器皿，在透过的两面光洁度差异很小，厚薄一

致，透明无色。在紫外线范围内测量时要选用石英比色杯。不能用手指拿取比色杯的光滑面，用后要及时洗涤，不得残留测定液。更不能用毛刷洗刷，在比色杯外的水可用擦镜纸或绸布轻轻擦去。用完后将杯倒置于滤纸上以吸干水分。

4. 检测系统。由光电池和检流计组成。光电池能将光能转变为电能，检流计则产生指针偏转，测得读数。光电比色计用硒光电池为受光器，其光敏感性低，不能检出强度非常弱的光线，而且对波长在 270 nm 以下和 700 nm 以上的光线不敏感。因此，较精密的分光光度计都采用真空光电管或光电倍增管作为受光器，并应用放大装置以提高灵敏度。

722 分光光度计的使用

722 分光光度计能在可见光谱区域内对样品物质做定性定量分析，被广泛应用于医药卫生、临床检验、生物化学、石油化工、环境保护、质量控制等部门，是生化实验室常用的分析仪器之一（图 1-4）。722 分光光度计波长范围为 325 ~ 1000 nm，吸光度（A 值）测量范围为 –0.301 ~ 3.000。

图 1-4　722 分光光度计

（一）比色皿的使用方法

1. 拿比色皿时，手指只能捏住比色皿的毛玻璃面，不要碰比色皿的透光面，以免沾污。

2. 清洗比色皿时，一般先用水冲洗，再用蒸馏水洗净。如比色皿被有机物沾污，可用盐酸 - 乙醇混合洗涤液（1∶2）浸泡片刻，再用水冲洗。不能用碱溶液或氧化性强的洗涤液洗比色皿，以免损坏。也不能用毛刷清洗比色皿，以免损伤其透光面。每次做完实验时，应立即洗净比色皿。

3. 比色皿外壁的水用擦镜纸或细软的吸水纸吸干，以保护透光面。

4. 测定有色溶液吸光度时，一定要用有色溶液洗比色皿内壁几次，以免改变有色溶液的浓度。另外，在测定一系列溶液的吸光度时，通常都按由稀到浓的顺序测定，以减小测量误差。

5. 在实际分析工作中，通常根据溶液浓度的不同，选用液槽厚度不同的比色皿，使溶液的吸光度控制为 0.2 ~ 0.7。

（二）分光光度计使用说明

1. 预热。打开电源，并打开试样室盖（即可切断光路，延长分光光度计使用寿命）。预热 30 min。

2. 设置

（1）本仪器键盘共四个键，分别为 MODE、PRINT、▽/0% 和 △/100%。

（2）MODE 键切换 A、T、C、F 模式：A——吸光度，T——透射比，C——浓度，F——斜率。经测定确认后的 F 值要通过按键输入。

（3）PRINT 键用于 F 模式时，具有确认的功能，即确认当前的 F 值，并自动转到 C，计算当前 C 值（$C=F \times C$）。该按键亦用于 RS232 串行口和计算机传输数据。

（4）▽/0% 有两个功能

1）调零：只在 T 模式下有效，打开样品室，按键后应显示 0.000。

2）下降键：F 模式下按键自动减 1。

（5）△/100% 有两个功能：

1）只有在 A、T 模式时有效，关闭样品室盖，按键后显示 0.000、100.0。

2）上升键：F 模式下按键自动加 1。

3. 测量

（1）比色皿先用蒸馏水清洗数遍，再用待测样品润洗数次后，倒至比色皿 2/3 处（样品量至少超过比色皿容量的一半）备用。切记用手拿比色皿毛玻璃面，不要触碰透光面，同时注意将透光面放置在光路上。

（2）按 MODE 键，选择 T——透射比模式。把测试所需的波长调节至刻度线处。

（3）空白对照调零，调 T=100%。

打开试样室盖（光门自动关闭），将装有空白对照溶液的比色皿，用镜头纸擦拭干净外壁，放置于比色杯槽最靠边的卡位中，拉动拉杆使空白对照溶液比色皿置于光路（拉杆拉动过程中有阻滞位，并听到"咔嗒"一声即可）。样品盖子打开状态时，按下"0%T"按钮，使数字显示为"0.000"。

盖上样品室盖，按下透过率"100%T"按钮，使数字显示为"100.0"（如果显示不到 100.0，则可以适当增加灵敏度的档数，同时应重复调整仪器的零点），以上操作重复 2 次。

（4）吸光度 A 的测量。按 MODE 键，选择 A——吸光度模式，此时空白对照管的 A 值应该为 0.000。拉动拉杆将被测溶液置于光路中，数字表上直接读出被测溶液的吸光度（A）值。反复 2 次，读数取平均值。

（5）浓度 C 的测量，选择开关由 A 旋至 C，将已标定浓度的溶液移入光路，调节浓度按钮，使数字显示为标定值，将被测溶液移入光路，即可读出相应的浓度值。

（6）比色完毕后取出比色皿，将测试样品倒回相应试管，待全部样品测试完，确认无误后再一同处理。结束比色后用蒸馏水装满反复清洗干净比色皿，倒置于比色皿盒中晾干。用软布或纸巾擦拭干净比色槽架，恢复分光光度计拉杆位置并关机。

（宇　丽　吴志慧）

实验二
蛋白质的定性实验（沉淀反应）

实验目的

1. 掌握蛋白质的理化性质。
2. 掌握蛋白质变性和沉淀的关系。

在水溶液中蛋白质为稳定的胶体颗粒。在一定物理化学因素作用下，若除去蛋白质胶体颗粒表面电荷和水化膜，则蛋白质极易从溶液中析出——蛋白质的沉淀。

蛋白质可被重金属盐、某些有机酸、生物碱试剂以及某些有机溶剂和高浓度的中性盐从溶液中沉淀。但被沉淀的蛋白质并不一定就是变性的蛋白质。如果沉淀的蛋白质分子内部结构并未发生显著变化，基本保持原有的性质，此时未发生变性反应。例如使用高浓度的盐或冷乙醇、丙酮等沉淀蛋白质时，蛋白质可在原溶剂中重新溶解。但是，有机酸、生物碱、重金属盐等沉淀蛋白质时，蛋白质分子内部结构，特别是空间结构遭到破坏，失去其原来性质，则蛋白质发生变性，故不能在原溶剂中恢复溶解状态。

一、重金属盐沉淀蛋白质

实验原理

蛋白质在弱碱性环境中容易被重金属盐如氯化汞、硫酸锌等沉淀而析出。弱碱性环境下的蛋白质分子表面带负电荷，与带正电荷的金属离子结合形成不溶性的蛋白盐，从溶液中析出形成沉淀。重金属沉淀的蛋白质是变性蛋白，同时这种变性也是不可逆的、不可复性的反应。

因此，鸡蛋清蛋白可以用作汞和其他重金属中毒的解毒剂。在本实验中，我们观察鸡蛋清蛋白和重金属盐的沉淀反应。

$$2P\begin{matrix}COO^-\\ \\NH_3^+\end{matrix} \xrightarrow{OH^-} 2P\begin{matrix}COO^-\\ \\NH_2\end{matrix} \xrightarrow{Zn^{2+}} \left[P\begin{matrix}COO^-\\ \\NH_2\end{matrix}\right]_2 Zn^{2+}\downarrow$$

操作步骤

在干净的试管中加入 20 滴稀释的鸡蛋清蛋白和 2 滴 0.5% NaOH，混合，再加入 2~5 滴 0.5% 的 $AgNO_3$，混合。记录实验结果。

重复上述试验，用 1% 的硫酸锌代替 $AgNO_3$ 溶液。

实验器材和试剂

1. 器材　微量移液器、试管、滴管等。
2. 试剂

（1）稀蛋清（diluted egg albumin）：取蛋清，用 0.9% 氯化钠溶液稀释。3 个蛋清 1000 ml 生理盐水稀释后纱布过滤，冰箱 4℃ 保存。

（2）0.5% NaOH：配制 10% NaOH，蒸馏水稀释成 1/20。

（3）5% $AgNO_3$：直接取 5 g $AgNO_3$，加蒸馏水溶解，定容到 100 ml。

（4）2% $ZnSO_4$：直接取 2 g $ZnSO_4$，加蒸馏水溶解，定容到 100 ml。

二、生物碱试剂/有机酸沉淀蛋白质

实验原理

蛋白质是具有两性解离特征的兼性分子，其解离方向取决于溶液的 pH 和自身的等电点（pI）。在酸性溶液中，大多数蛋白质分子表面携带正电荷。带正电荷的蛋白质分子可与带有负电荷的有机酸或生物碱试剂的酸根离子发生变性反应而形成变性沉淀。常用的有机酸有三氯乙酸、磺基水杨酸，生物碱试剂有钨酸、苦味酸等。

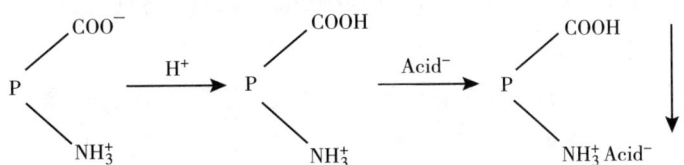

操作步骤

1. 准备 4 支干净的试管，分别加入稀释的鸡蛋清蛋白溶液 20 滴。
2. 在第 1 管中加入 2 滴 2% 硫酸和 2 滴 10% 钨酸钠，混合。
3. 在第 2 管中加入 10 滴 10% 三氯乙酸，混合。
4. 在第 3 管中加入 2 滴 20% 磺基水杨酸，混合。

观察并记录以上实验结果。

实验器材和试剂

1. 器材　微量移液器、试管、滴管等。
2. 试剂

（1）稀蛋清（diluted egg albumin）：取蛋清，用0.9％氯化钠溶液稀释。3个蛋清1000 ml生理盐水稀释后纱布过滤，冰箱4℃保存。

（2）2％H_2SO_4：浓硫酸等比稀释。注意浓硫酸遇水稀释，会释放大量热能，所以应将一定量的浓硫酸缓慢加入水中，并轻轻用玻璃棒搅拌，防止液体飞溅。

（3）10％钨酸钠（10% sodium tungstate）。

（4）10％三氯乙酸（10% trichloroacetic acid）。

（5）20％磺基水杨酸（20% sulfosalicylic acid）。

三、高浓度中性盐分级沉淀蛋白质

实验原理

蛋白质被高浓度的中性盐从溶液中析出沉淀的过程，就是盐析（salting out）现象。盐析中常用的中性盐有$(NH_4)_2SO_4$、Na_2SO_4和磷酸盐，中性盐是强电解质，溶解度大。盐析的机制比较复杂：一方面，盐离子吸引极性水分子，使蛋白质分子周围的水化层破坏，导致蛋白质溶解度降低。另一方面，高浓度的盐离子还中和了蛋白质分子表面所携带的电荷，从而破坏了蛋白质分子表面的电荷。失去了分子表面的水化膜和电荷后，蛋白质容易聚集而形成沉淀。沉淀蛋白质的中性盐浓度可因待沉淀蛋白质种类的不同而不同。例如，球蛋白可以用半饱和硫酸铵沉淀，而白蛋白只能用饱和硫酸铵沉淀。

盐析法沉淀的蛋白质通常都没有变性失活，用透析等方法去除中性盐后还可以恢复蛋白质溶液状态。故这种沉淀蛋白质的方法在分离、浓缩、贮存、纯化蛋白质的工作中应用极广。

操作步骤

1. 将5 ml 1/5稀释的鸡蛋清溶液加入试管中，再加入5 ml饱和硫酸铵，充分混合，观察会发生什么？

2. 将试管中的混合物静置几分钟，再用滤纸过滤，将滤液收集到一个干净的试管中。注意收集的滤液必须是透明、澄清的，否则再次过滤直到收集到澄清的滤液。

3. 在上述收集到的滤液中加入固体硫酸铵，摇匀，使硫酸铵加速溶解至饱和。注意观察沉淀的形成。

实验二　蛋白质的定性实验（沉淀反应）

实验器材和试剂

1. 器材　微量移液器、试管、滴管、漏斗、滤纸等。
2. 试剂

（1）稀蛋清（diluted egg albumin）：取蛋清，用0.9%氯化钠溶液稀释。3个蛋清1000 ml生理盐水稀释后纱布过滤，冰箱4℃保存。

（2）固体硫酸铵。

四、加热沉淀蛋白质

实验原理

一般来说，蛋白质会因加热而变性，导致其溶解度急剧下降并形成蛋白质沉淀。高温变性的蛋白质空间结构被破坏，分子内部的疏水基团暴露，使其极易发生聚集而沉淀。然而，并非所有变性的蛋白质都会形成沉淀，如果变性的蛋白质溶液pH远离蛋白质的等电点（pI），变性的蛋白质将在溶液中保持溶解状态。因为强酸、强碱的环境使其分子仍然携带相同的电荷，并相互排斥不会发生聚集沉淀。只有当溶液的pH被中和到蛋白质的pI附近时，才会迅速形成沉淀，如果中和过量，pH再次偏离pI很远，沉淀则会再次消失（图2-1）。

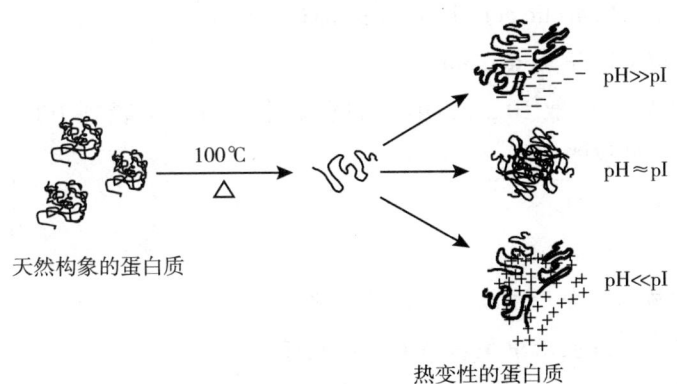

图2-1　热变性的蛋白质在不同pH下的溶解与沉淀

操作步骤

1. 准备4支干净试管，按表2-1操作加入试剂。

表 2-1 不同 pH 环境下加热沉淀蛋白质　　　　　　　　　　　单位：滴

试剂	试管编号			
	1	2	3	4
稀释白蛋白	20	20	20	20
1%醋酸	—	1	—	—
10%醋酸	—	—	10	—
10% NaOH	—	—	—	10
100℃沸水浴 5 min				
记录实验现象				

2. 从沸水浴中取出试管后，向 3 号管中逐滴加入 10%的氢氧化钠，向 4 号管中逐滴加入 10%的醋酸，边加边摇匀，观察会发生什么现象？如何解释？

实验器材和试剂

1. 器材　微量移液器、电热恒温水浴、试管、滴管等。

2. 试剂

（1）稀蛋清（diluted egg albumin）：取蛋清，用 0.9%氯化钠溶液稀释。3 个蛋清 1000 ml 生理盐水稀释后纱布过滤，冰箱 4℃保存。

（2）1%醋酸（1% acetic acid）：冰醋酸稀释 100 倍。

（3）10%醋酸（10% acetic acid）。

（4）10% NaOH：称取 10 g NaOH，加蒸馏水溶解，定容到 100 ml（注意：NaOH 溶于水时，释放大量热能）。

思考题

1. 变性蛋白质必然会产生沉淀吗，为什么？
2. 请列举日常工作生活中蛋白质变性的例子。
3. 为什么鸡蛋清可用作铅中毒或汞中毒的解毒剂？

（张嘉晴）

实验三

酪蛋白等电点的测定

实验目的

1. 掌握等电点的概念，了解蛋白质的两性解离性质。
2. 初步学会测定蛋白质等电点的方法。

实验原理

蛋白质的解离取决于环境的pH。蛋白质的等电点（pI）是指使蛋白质溶液中净电荷为零时的pH。在这个pH下，蛋白质因不带表面电荷而缺乏相互的排斥力。此时，蛋白质的溶解度最小，也最容易聚集形成沉淀。在本实验中，利用蛋白质的该特性，半定量测定酪蛋白的等电点（酪蛋白 pI 范围：4.55～4.70）。

$$P\begin{matrix}COOH\\NH_3^+\end{matrix} \underset{H^+}{\overset{OH^-}{\rightleftharpoons}} P\begin{matrix}COO^-\\NH_3^+\end{matrix} \underset{H^+}{\overset{OH^-}{\rightleftharpoons}} P\begin{matrix}COO^-\\NH_2\end{matrix}$$

正电排斥　　　　溶解度最小　　　　负电排斥

操作步骤

准备7支干净的试管，按表3-1操作依次加入试剂。

表 3-1　梯度 pH 配制表　　　　　　　　　　　　　　　　　　　　　　单位：ml

试剂	试管编号						
	1	2	3	4	5	6	7
蒸馏水	4.56	3.62	4.56	3.62	4.56	3.62	0.63
0.01 mol/L 醋酸	0.44	1.38	—	—	—	—	—
0.1 mol/L 醋酸	—	—	0.44	1.38	—	—	—
1.0 mol/L 醋酸	—	—	—	—	0.44	1.38	4.37

向每支试管中加入 1 ml 酪蛋白 - 醋酸钠溶液，并立即混匀试管。观察混匀后即刻以及 15 min 后的现象。记录实验结果如下：0 表示无浊度，"+"表示浊度，"×"表示沉淀量（表 3-2）。

表 3-2　实验结果记录

	试管号						
	1	2	3	4	5	6	7
pH	6.1	5.6	5.1	4.6	4.1	3.6	3.1
即刻的浑浊度							
15 min 后的沉淀量							

实验器材和试剂

1. 器材　微量移液器、试管、刻度吸管等。

2. 试剂

（1）0.5% 酪蛋白 - 醋酸钠（0.5% casin-sodium acetate solution）：10 g 酪蛋白，用蒸馏水 500 ml 加 1 mol/L NaOH 100 ml，溶解后再加 100 ml 1 mol/L 醋酸，搅拌溶解后，加水定容至 2000 ml。

（2）1 mol/L 醋酸（1 N acetic acid solution）：57.2 ml 冰醋酸，加蒸馏水稀释定容到 1000 ml。

（3）0.1 mol/L 醋酸（0.1 N acetic acid solution）：1 mol/L 醋酸稀释 10 倍。

（4）0.01 mol/L 醋酸（0.01 N acetic acid solution）：1 mol/L 醋酸稀释 100 倍。

思考题

1. 为什么等电点时产生的沉淀最多？
2. 利用等电点原理可以分离纯化蛋白吗？
3. 本方法测定的酪蛋白等电点精确吗？为什么？

（张嘉晴）

实验四

蛋白质的呈色反应

实验目的

1. 学习几种常用的鉴定蛋白质与氨基酸的方法。
2. 了解不同蛋白质颜色反应的原理。

蛋白质分子中的某些基团可以与某些化学试剂之间发生化学作用而呈现的各种颜色反应，叫作蛋白质的呈色反应，又叫作蛋白质的颜色反应。蛋白质的呈色反应是检测、鉴定蛋白质的重要方法。不同的蛋白质中，氨基酸的种类及含量各不相同，而在某些蛋白质内还可能缺乏呈某种颜色反应的氨基酸。因此，不但不同蛋白质呈色反应的强度各不相同，而且某些呈色反应在某种蛋白质中可能不存在。本实验介绍五种蛋白质呈色反应，用以比较和鉴别不同的蛋白质。

一、双缩脲反应

实验原理

两分子尿素（分子式：NH_2—CO—NH_2）加热至180℃左右时可以生成一分子双缩脲（分子式：NH_2—CO—NH—CO—NH_2）并释放出一分子氨。双缩脲分子在碱性环境中能与Cu^{2+}络合生成蓝紫色复合物，称为双缩脲反应。此反应主要由两分子双缩脲的四个氮原子与Cu^{2+}络合形成配位键并呈现蓝紫色改变（图4-1）。

但是，此类颜色反应并不局限于双缩脲。其他基团如—$CONH_2$、—$CSNH_2$—、—C（NH）NH_2、—CH_2NH_2，若它们两个基团之间与碳原子或者氮原子连接构成与双缩脲分子类似的结构，也可以发生双缩脲反应，如乙二酰二胺（分子式：NH_2—CO—$CONH_2$）和蛋白质。蛋白质的重复肽键结构局部与双缩脲分子类似，所以也能发生双缩脲反应（图4-2）。故此反应可用于蛋白质的定性或定量测定分析，一般来说，肽键数目越多，颜色反应越深。

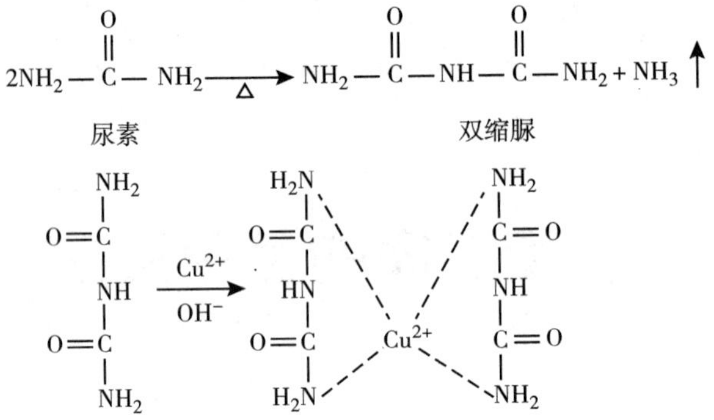

$$2NH_2-\overset{O}{\underset{}{C}}-NH_2 \xrightarrow{\triangle} NH_2-\overset{O}{\underset{}{C}}-NH-\overset{O}{\underset{}{C}}-NH_2 + NH_3\uparrow$$

尿素　　　　　　　　　双缩脲

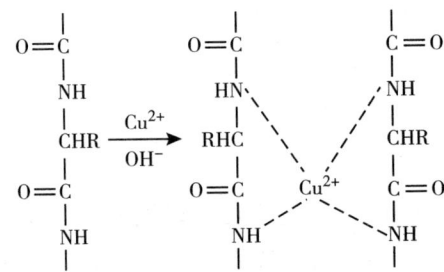

图 4-1　双缩脲的生成和双缩脲反应

图 4-2　蛋白质与铜离子络合发生双缩脲反应

操作步骤

1. 制备双缩脲。将少量尿素（大约一小匙）放入干净的干燥小试管中，用小火加热。可见尿素逐渐熔化，然后沸腾，待熔化的尿素凝固时停止加热，可见在试管底部形成的双缩脲白色固体。注意加热过程中气体发出的气味，并用一张湿石蕊试纸测试气体，观察试纸颜色改变。然后冷却试管。

2. 溶解上述制备的双缩脲于 2~3 ml 的 10% NaOH 溶液中，逐滴加入 0.5% $CuSO_4$，直至出现紫红色（通常 2~4 滴就足够），此即双缩脲反应。

3. 另取一支试管，加入 20 滴左右鸡蛋清蛋白溶液（稀释 20 倍）到试管中，再加入等体积的 10% NaOH 溶液，充分混匀后，逐滴加入 2~5 滴 0.5% $CuSO_4$ 溶液，充分混匀，注意溶液的颜色变化。若出现紫红色，表示有蛋白质存在。

实验器材和试剂

1. 器材　试管、酒精灯、滴管、试管夹等。

2. 试剂

（1）10% NaOH 溶液：称取 10 g NaOH 用蒸馏水溶解，定容到 100 ml。

（2）0.5% $CuSO_4$ 溶液：称取 0.78 g $CuSO_4 \cdot 5H_2O$ 用蒸馏水溶解，定容到 100 ml。

（3）尿素。

（4）鸡蛋清蛋白溶液（稀释 20 倍）：鸡蛋清 1 ml 溶解于 0.9% 氯化钠溶液，定容到终体积 20 ml。

（5）石蕊试纸。

> **思考题**

1. 氨基酸会不会发生双缩脲反应，为什么？
2. 如果蛋白质水解作用一直进行到双缩脲反应呈阴性结果，此时可对水解作用进行的程度作出什么结论？

二、茚三酮反应

> **实验原理**

当水合茚三酮与 α- 氨基酸或至少含有一个游离氨基和羧基的蛋白质一起加热时，会生成蓝紫色化合物。此颜色反应中有两步反应：先是氨基酸被氧化分解，释放出氨和二氧化碳，氨基酸被氧化成醛，水合茚三酮则生成还原型茚三酮；然后还原型茚三酮、氨和另一分子茚三酮继续反应，再脱水缩合生成蓝紫色物质（图 4-3）。

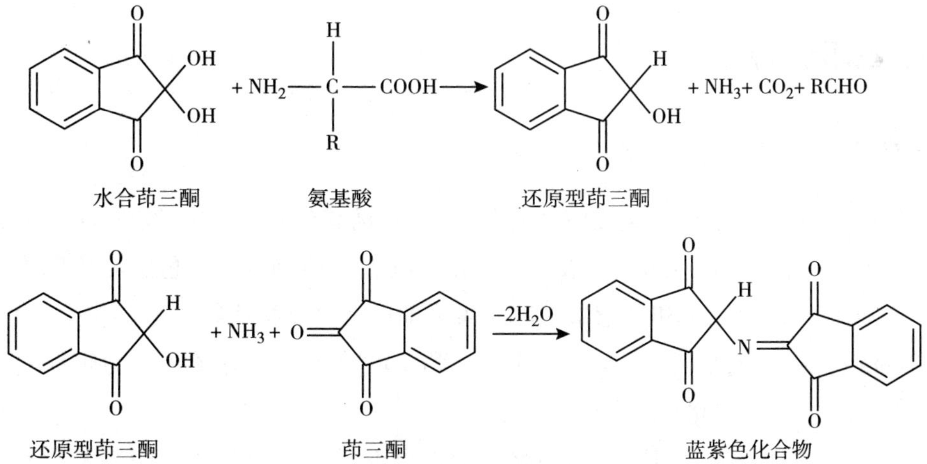

图 4-3 氨基酸的茚三酮反应

此反应十分灵敏，在法医学上，使用茚三酮反应可采集嫌疑犯在犯罪现场留下来的指纹。因为手汗中含有多种氨基酸，遇茚三酮后起显色反应。目前此反应已广泛应用于氨基酸的定量测定。

操作步骤

1. 取干净试管1支，加入50滴鸡蛋清蛋白溶液（稀释20倍），再加入0.5 ml的0.1%茚三酮，煮沸1~2 min，让其冷却，注意显色变化。
2. 使用0.05%的丙氨酸溶液代替鸡蛋清蛋白溶液，重复上述操作。

实验器材和试剂

1. 器材　试管、电热恒温水浴、滴管等。
2. 试剂

（1）鸡蛋清蛋白溶液（1/20稀释）：鸡蛋清1ml溶解于0.9%氯化钠溶液，定容到终体积20 ml。

（2）0.1%茚三酮溶液：称取0.1 g茚三酮，溶解于100 ml丙酮中。

（3）0.05%丙氨酸溶液：称取0.05 g丙氨酸溶解于0.01 mol/L pH 7.4的磷酸盐缓冲液中，最终用此缓冲液定容到100 ml。

思考题

为什么蛋白质溶液和丙氨酸溶液都可以发生茚三酮反应？

三、米伦反应

实验原理

米伦反应又称作Millon's反应，是指含有酪氨酸的蛋白质溶液中加入米伦试剂（亚硝酸汞、硝酸汞及硝酸的混合液）会发生沉淀，加热则变为红色沉淀的现象。酪氨酸的苯羟基（—C_6H_4OH）和米伦试剂反应生成酚的亚硝基衍生物，进一步生成邻醌肟，最终形成红色稳定产物。因为在蛋白质中，酪氨酸是唯一含有苯羟基的氨基酸，所以米伦阳性反应可以鉴定此类蛋白质。

该方法不适合用于检测尿液中的蛋白质，也不适合检测溶液中存在大量无机盐的情况，因为米伦试剂中的汞离子会被尿、无机盐所沉淀，从而使试剂失效。另外，如果待检测溶液呈强碱性，则应首先中和后再检测，因为碱性会使汞沉淀为黄黑色氧化物。

操作步骤

1. 向干净的试管中滴加50滴鸡蛋清溶液（稀释20倍），再加入3~4滴米伦试剂混匀，小火加热煮沸混合物。可见鸡蛋清中的白蛋白被米伦试剂沉淀后生成白色沉淀，加热后逐渐变成红色。如果没有显色，再加入 2~3 滴米伦试剂并再次加热。但是要注意避免米伦试剂过量，否则可能会观察到颜色变成黄色，但这并不是米伦阳性反应。

2. 重复以上实验，用 0.1% 苯酚溶液代替鸡蛋清进行测试，注意加热时产生的红色变化。

实验器材和试剂

1. 器材　试管、试管夹、酒精灯、滴管等。
2. 试剂

（1）0.1% 苯酚溶液：称取苯酚 94 mg，溶于 10 ml 0.1 mol/L HCl，蒸馏水定容至 1000 ml。

（2）鸡蛋清溶液（稀释 20 倍）：鸡蛋清 1 ml 溶解于 0.9% 氯化钠溶液，定容到终体积 20 ml。

（3）米伦试剂：60 ml 浓硝酸（相对密度 1.42）中溶解 40 g 汞（水浴加温可助溶），溶解后加入 2 倍体积的蒸馏水稀释。静置澄清后，取上清液备用。该试剂制备须在通风橱中进行，防止吸入烟雾。

思考题

鸡蛋清中的白蛋白先生成白色沉淀是什么原因？然后生成的红色产物又是什么？

四、黄蛋白反应

实验原理

黄蛋白反应又称作 Xanthoproteic 反应，是带有苯环的蛋白质与浓硝酸混合加热后呈现黄色的反应。其反应原理是硝酸对苯环发生硝化作用，生成黄色的芳香硝基化合物。生成的黄色化合物冷却后，若再与碱或氨水接触，则颜色转变为橙黄色（图 4-4）。要注意的是，带有苯环的氨基酸包括酪氨酸、苯丙氨酸和色氨酸，但只有酪氨酸和色氨酸的苯环上的羟基容易和硝酸反应，而苯丙氨酸的苯环却对此反应不敏感。绝大多数的蛋白质都含有带苯环的氨基酸，因此都有黄色反应。皮肤、指甲和毛发等遇浓硝酸变黄即为这种反应的结果。

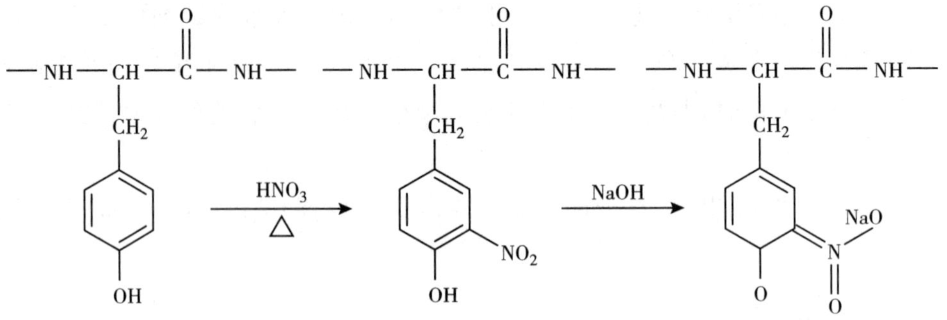

硝基酚（黄色） 　　　　　　　　邻-硝醌酸钠（橙黄色）

图 4-4　黄蛋白反应

操作步骤

1. 取 1 支干净的试管，加入 20～30 滴鸡蛋清溶液（稀释 20 倍），再加入 10 滴浓硝酸。观察到白色沉淀形成，加热后沉淀颜色变黄。冷却后，小心地添加过量的 NaOH 溶液，并观察颜色由黄色加深为橙色。

2. 另取 1 支干净的试管重复以上实验，用 0.1% 苯酚溶液代替鸡蛋清进行测试，并记录黄色和橙色的产生。

实验器材和试剂

1. 器材　试管、滴管等。

2. 试剂

（1）0.1% 苯酚溶液：称取苯酚 94 mg，溶于 10 ml 0.1 mol/L HCl，蒸馏水定容至 1000 ml。

（2）鸡蛋清溶液（稀释 20 倍）：鸡蛋清 1 ml 溶解于 0.9% 氯化钠溶液，定容到终体积 20 ml。

（3）浓硝酸。

（4）20% NaOH 溶液：称取 20 g NaOH，用蒸馏水溶解，定容到 100 ml。

思考题

1. 用 0.1% 苯酚溶液代替鸡蛋清溶液的作用是什么？

2. 是否所有的氨基酸都呈现黄蛋白反应的阳性结果，为什么？是否大部分蛋白质呈现阳性结果，为什么？

五、乙醛酸反应（霍普金斯-科尔反应）

实验原理

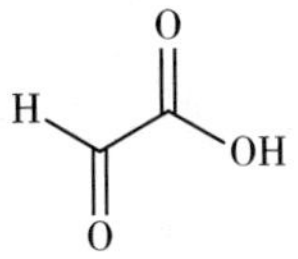

乙醛酸反应又称霍普金斯-科尔反应，乙醛酸分子中含有一个醛基（—CHO）与一个羧基（—COOH）（图4-5）。在含有色氨酸残基的蛋白质溶液中加入乙醛酸后，再加入浓硫酸，在两液接触面处会呈现紫红色环的反应，叫作乙醛酸反应。血清球蛋白中含色氨酸残基的量较稳定，故临床生化检验可用乙醛酸反应来定性测定球蛋白。明胶因缺乏色氨酸而无乙醛酸反应，可作为空白对照。

图4-5 乙醛酸分子结构简式

操作步骤

1. 取1支干净的试管，滴加15~20滴鸡蛋清溶液（未稀释）入试管，再加入20滴乙醛酸充分混匀。倾斜试管，缓慢滴加20滴浓硫酸，让其沿着试管内壁向下流动，从而在蛋白质混合物上方形成一层酸平面。注意观察、记录两液接触面区域的颜色变化。

2. 另取1支干净的试管重复以上实验，用0.1%明胶溶液代替鸡蛋清进行，观察、记录结果。

实验器材和试剂

1. 器材　试管、滴管等。
2. 试剂
（1）鸡蛋清溶液（未稀释）。
（2）1%明胶溶液：称取1 g明胶，用蒸馏水溶解，定容到100 ml。
（3）乙醛酸。
（4）浓硫酸：分析纯。

思考题

为什么加入浓硫酸时要倾斜试管，缓慢滴加？

（吴颜晖）

实验五 蛋白质含量测定

一般来说,没有一种完全令人满意的方法来测定任何样品中的蛋白质浓度。具体方法的选择取决于蛋白质的性质、蛋白质样品中其他成分的性质、所需的速度、准确度和灵敏度等。本实验介绍四种常用的蛋白质含量测定方法。

实验目的

1. 掌握几种不同方法测定蛋白质的含量。
2. 学会使用 722 分光光度计并了解其工作原理。

一、Lowry 法测定蛋白质浓度

实验原理

Lowry 法又称作 Folin 试剂法,是蛋白质定量分析最敏感又最常用的分析方法。本实验涉及两步颜色反应(图 5-1):第一步,在碱性条件下与铜离子作用生成蛋白质-铜的络合物,此反应类似铜离子和双缩脲分子的反应,蛋白质中的肽键也能与铜离子在碱性环境中生成蓝色的络合物。第二步,此络合物进一步将磷钼酸-磷钨酸试剂(Folin 试剂)还原,生成颜色更深的蓝绿色的化合物(磷钼蓝和磷钨蓝的混合物),此

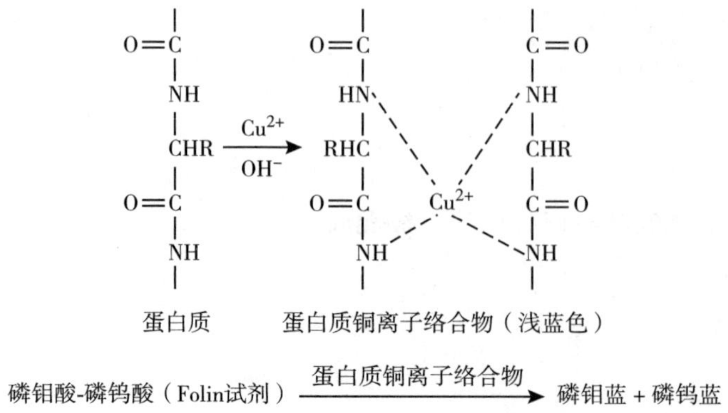

图 5-1 蛋白质 Lowry 法反应

步反应主要由蛋白质中的酪氨酸和色氨酸残基发挥作用。两步颜色反应最终的颜色深浅在一定范围内与蛋白质的含量成正比，因此可用于蛋白质含量的准确定量测定。

操作步骤

1. 将 15 ml 试剂 A、0.75 ml 试剂 B 和 0.75 ml 试剂 C 在烧瓶中混合，制备新鲜碱性铜试剂。

2. 准备 7 支玻璃干净试管，作为实验标准管、测定管和空白管，按表 5-1 依次添加试剂。

表 5-1　Lowry 法测定蛋白质含量　　　　　　　　　　　　单位：ml

试剂	试管编号						
	1	2	3	4	5	待测	空白
标准蛋白（250 μg/ml）	0.2	0.4	0.6	0.8	1.0	—	—
待测样品	—	—	—	—	—	1.0	—
蒸馏水	0.8	0.6	0.4	0.2	—	—	1.0
碱性铜试剂	1.0	1.0	1.0	1.0	1.0	1.0	1.0
混匀，室温静置 10 min							
Folin 试剂	3.0	3.0	3.0	3.0	3.0	3.0	3.0

注意，碱性铜试剂必须等其他试剂完成后再快速加到各管。加入 Folin 试剂后必须立即混匀到溶液颜色均匀，因为 Folin 试剂在酸性条件下才稳定，而本实验反应条件是碱性环境，以免磷钼酸-磷钨酸在显色反应前就被破坏而影响结果。室温静置 30 min 后，用 620 nm 波长在分光光度计中测定各试管溶液的吸光度值，并记录实验结果。

作图与计算

1. 以蛋白质的浓度为横坐标，吸光度值为纵坐标绘制标准曲线。再根据待测样品的吸光度值找到标准曲线上待测蛋白质的浓度。绘制标准曲线时，因实验误差会导致不一定每个点都落在曲线上，误差大的点可以忽略而尽量让更多的点都靠近标准曲线（图 5-2）。

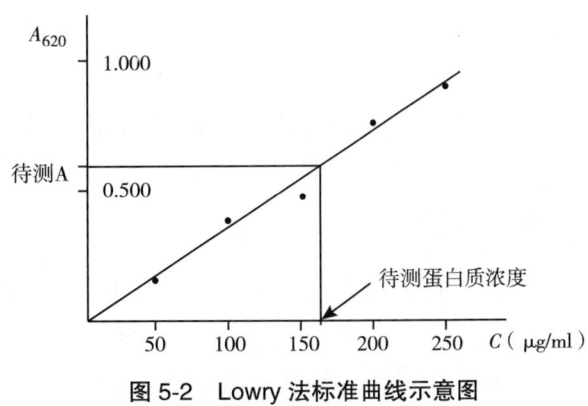

图 5-2　Lowry 法标准曲线示意图

2. 除了以上标准曲线法可求出待测蛋白质的浓度外，也可以通过计算得出待测样品的蛋白质浓度。在一定范围内（吸光度值小于 1）溶液的颜色深浅与吸光度值成正比，而吸光度值又与蛋白质浓度成正比。所以，可以按照以下公式计算出待测蛋白样品的浓度，标准管可取与标准曲线最接近的1管。

$$C_{UK} = A_{UK} / A_{标} \times C_{标}$$

实验器材和试剂

1. 器材　722分光光度计、微量移液器、坐标纸、试管等。
2. 试剂

（1）试剂A：将100 g Na_2CO_3 溶解在终体积1 L的0.5 mol/L NaOH中。

（2）试剂B：将1 g $CuSO_4 \cdot 5H_2O$ 用蒸馏水溶解后定容到100 ml。

（3）试剂C：将2 g 酒石酸钾用蒸馏水溶解后定容到100 ml。

（4）Folin试剂（Folin-Ciocalteu）：使用1500 ml烧瓶，加入100 g钨酸钠、25 g钼酸钠、700 ml蒸馏水、50 ml 85%磷酸和100 ml浓盐酸充分混合，接入回流冷凝管，回流10 h。然后再加入150 g硫酸锂、50 ml蒸馏水和几滴溴，将混合物煮沸15 min，以去除过量的溴。冷却后稀释至1 L，然后过滤收集滤液到棕色试剂瓶保存，此为储存液。取5 ml储存液加入到装有50 ml蒸馏水的试剂瓶中，充分混匀，此为工作液。

（5）250 μg/ml蛋白质标准液。

（6）未知蛋白质浓度的样本（按1:500稀释血清制备）。

思考题

1. 比色测定时，为什么要用空白管作为实验的对照管，有什么作用？
2. 绘制标准曲线时，理论上应为直线还是曲线，是否通过原点？为什么？

（吴颜晖）

二、凯氏定氮法测定血清蛋白质含量

实验原理

蛋白质是生物体内最主要的含氮化合物。蛋白质中的氮含量相当稳定，约占蛋白质重量的16%。因此，可以根据生物样品中测定的氮含量来计算蛋白质的含量。因为生物样品中经常存在非蛋白质氮（NPN）化合物，为了得到样品中的蛋白质氮，就必须从总氮中减去非蛋白质氮的含量。因此，计算样品中的蛋白质含量=（总氮含量－非蛋白质氮含量）×100/16。例如，100 ml血清中的总氮含量为1040 mg，NPN有40 mg，那么此样品中每100 ml血清含有多少克（g）蛋白质？

计算公式为：

$$\frac{(1040-40) \times 100/16}{1000} = 6.25 \text{ g}$$

测定生物样本中氮含量最广泛使用的方法是微量凯氏定氮法。即使样品中的氮含量低至 0.2 mg 时，也能得到准确的结果。微量凯氏定氮法通常有三个主要步骤：消化、蒸馏和滴定。大致过程如下：样品与浓硫酸和催化剂（如 $CuSO_4$ 等）一同加热消化，使蛋白质分解，其中碳、氢被氧化为 CO_2 和 H_2O，而样品中的有机氮转化为氨与硫酸结合成硫酸铵，硫酸铵在 NaOH 作用下生成 $NH_3 \cdot H_2O$，后者通过水蒸气蒸馏从消化液中分离出来，再用硼酸吸收。吸收了氨以后的硼酸再以标准 HCl 溶液滴定分析，根据标准酸消耗量来计算蛋白质的含量。其反应顺序如下：

$$\text{含氮化合物} + H_2SO_4 \xrightarrow[CuSO_4]{\text{消化}} (NH_4)_2SO_4 + CO_2 + H_2O$$

$$(NH_4)_2SO_4 + 2NaOH \longrightarrow Na_2SO_4 + 2NH_4OH$$

$$NH_4OH \xrightarrow{\text{蒸馏}} NH_3 + H_2O$$

$$3NH_3 + H_3BO_3 \longrightarrow (NH_4)_3BO_3$$

$$(NH_4)_3BO_3 + 3HCl \xrightarrow{\text{滴定}} 3NH_4Cl + H_3BO_3$$

用溴甲酚绿和甲基红混合液在滴定过程中作指示剂，该指示剂显示的 pH 范围为 4.2～5.4。用 HCl 滴定 $(NH_4)_3BO_3$ 溶液，直到蓝绿色变为原来的 H_3BO_3 溶液的紫色。使用仅含有 H_3BO_3 溶液和指示剂的烧瓶作滴定过程中的空白对照组。

操作步骤

1. **血液脱蛋白滤液的制备**　取 1 支干净的试管，加入 0.4 ml 血清和 9.6 ml 的 5% 三氯乙酸溶液。充分混合，静置 5 min，用滤纸过滤混合液，收集滤液进行测定，注意收集的滤液必须是澄清的。

2. **消化**　将 3 个凯氏定氮烧瓶分别标记为"空白（B）""总氮（TN）"和"非蛋白质氮（NPN）"，按照表 5-2 进行操作。

表 5-2　凯氏定氮法测定血清蛋白质含量　　　　　　　　单位：ml

试剂	烧瓶编号		
	空白（B）	总氮（TN）	非蛋白质氮（NPN）
稀释血清	—	1.0	—
脱蛋白滤液	—	—	5.0

续表

试剂	烧瓶编号		
	空白（B）	总氮（TN）	非蛋白质氮（NPN）
5%三氯乙酸	5.0	4.0	—
10% $CuSO_4$	0.5	0.5	0.5
K_2SO_4 + 硒	0.2	0.2	0.2
浓硫酸	1.0	1.0	1.0

将烧瓶倾斜 60°固定在铁架上，并在电炉或酒精灯上加热。加热几分钟后会变黑。当烧瓶内出现大量白烟时，可在烧瓶口放置一个小漏斗，并在漏斗内放入 1 个玻璃珠，以避免硫酸烟过度逸出。持续加热，直到溶液变成浅绿色，显示完全消化。消化完成一般需要 15~30 min。静置 1~3 min，再沿着烧瓶颈部内壁小心地向烧瓶中逐滴添加 4 ml 蒸馏水，这是防止消化物在冷却后凝固所必需的。

3. 蒸馏　蒸馏过程中，往 B 中加入消化液和 NaOH。由于两者的反应，氨释放并被蒸馏室中产生的蒸汽带出，而在加热后，氨经 M 处流出，并被烧瓶 H 中的硼酸吸收。由于蒸汽冷凝成水，当它通过指状冷凝器时有利于氨的吸收（图 5-3）。

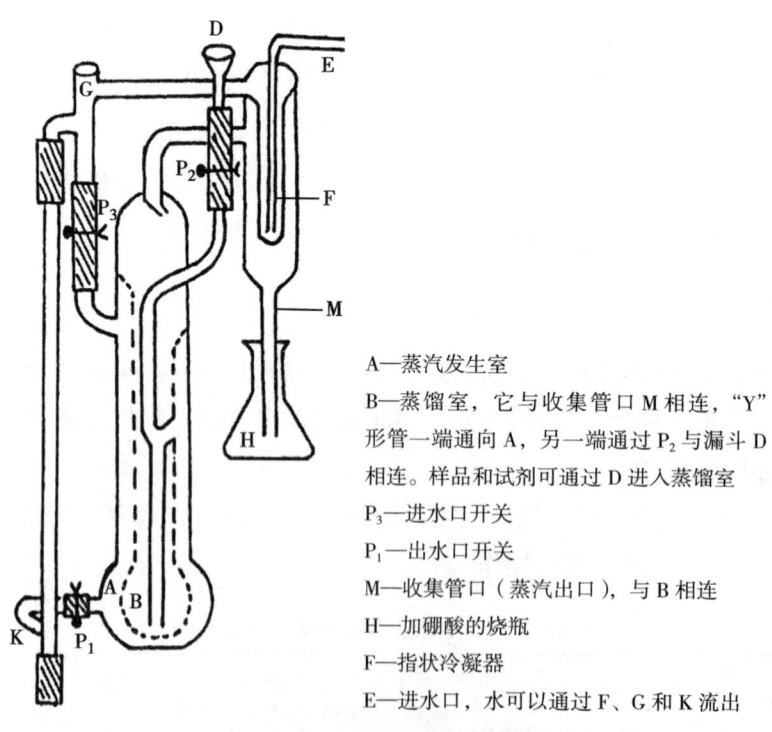

A—蒸汽发生室
B—蒸馏室，它与收集管口 M 相连，"Y"形管一端通向 A，另一端通过 P_2 与漏斗 D 相连。样品和试剂可通过 D 进入蒸馏室
P_3—进水口开关
P_1—出水口开关
M—收集管口（蒸汽出口），与 B 相连
H—加硼酸的烧瓶
F—指状冷凝器
E—进水口，水可以通过 F、G 和 K 流出

图 5-3　凯氏定氮法蒸馏装置

（1）蒸馏器的准备：通过 G 向 A 室中加入几片小瓷片防止暴沸。打开水龙头，让水通过 E 进入 F、G，然后通过 K 管流出（注意水的流速，以避免水从 G 中溢出）。打

开夹子 P_3，让水流入 A 室，直到水上升到 A 室的颈部关闭 P_3。打开 P_2，将 5 ml 蒸馏水通过漏斗 D 倒入蒸馏室 B，用酒精灯加热蒸汽发生室 A。当 A 室中的水沸腾后，凝结水从 M 流出 5~6 min 时停止加热，B 室中的水将被吸入 A。再通过漏斗 D 添加少量蒸馏水流入蒸馏室 B，关闭 P_2 让 B 室中的水再次吸入 A。打开 P_3，A 室中的水从 P_1 流出到 K。冷却后，直到水上升到 A 室的颈部，再次关闭 P_3。

（2）打开 P_2，将消化后的样品通过漏斗 D 倒入蒸馏室 B。然后用 3 ml 蒸馏水冲洗消化瓶 2 次，将洗涤液一并倒入蒸馏室，关闭 P_2。

（3）将 10 ml 2% 硼酸和两滴混合指示剂加入 50 ml 干净的烧瓶中。将烧瓶置于 M 管下，让硼酸溶液的表面刚好接触管 M 的尖端。然后通过漏斗 D 添加 5 ml 饱和 NaOH 溶液。关闭 P_2，向漏斗中加入少量蒸馏水。加热 A 室，使用金属加热垫传导火焰以保持加热温度稳定均衡，以避免液体通过"Y"形管吸回到 A 室。从冷凝器 F 滴下的第 1 滴蒸馏液开始计时，继续蒸馏 2 min。然后降低烧瓶，使硼酸溶液表面离开 M 管尖。进一步蒸馏 2 min，清洗 M 管的外壁，取下烧瓶，蒸馏结束。

（4）清洁凯氏定氮蒸馏设备：每次操作后必须立即清洗蒸馏装置，否则清洗将非常困难。停止加热并打开水龙头，用拇指轻轻闭合管 G 并打开 P_1，A 室中的水将通过 B 室流出。通过漏斗 D 添加少量蒸馏水，让其流入 B 室。关闭 P_2 和 G，打开 P_1 让水流出 K。重复此步骤 3 次。

4. 滴定　用标准 0.02 mol/L HCl 滴定烧瓶中的溶液，直到指示剂变为蓝紫色，记录消耗的 HCl 含量。

计算

1 ml 0.02 mol/L HCl 相当于 0.28 mg 氮

1. 样品氮含量 =［样品滴定用酸（ml）– 空白滴定用酸（ml）］× 0.28 mg。
2. 计算 1 ml 血清中的总氮含量（TN）和非蛋白质氮含量（NPN）。
3. 100 ml 血清蛋白质含量（g）=（TN–NPN）× 100 × 6.25 ÷ 1000。

实验器材和试剂

1. 器材　蒸馏器、酒精灯、烧瓶、试管、滴管、微量移液器等。
2. 试剂

（1）血清。

（2）稀释血清：用 0.9% 氯化钠溶液稀释 10 倍。

（3）5% 三氯乙酸溶液：称取 5 g 三氯乙酸溶于蒸馏水，定容至 100 ml。

（4）10% 硫酸铜溶液：称取 15.62 g $CuSO_4 \cdot 5H_2O$ 定容到 100 ml 蒸馏水溶解。

（5）硫酸钾和硒的固体粉末（硫酸钾：硒 =100：0.25）。

（6）2%硼酸：称取 2 g 硼酸溶于蒸馏水，定容至 100 ml。

（7）浓硫酸溶液。

（8）饱和 NaOH 溶液：称取 600 g NaOH 放入 500 ml 蒸馏水，小火加热、搅拌直到不再溶解，过滤即得。

（9）0.02 mol/L 盐酸：取浓盐酸（36%）1.68 ml，蒸馏水定容到 1000 ml。

（10）无氨蒸馏水。

（11）混合指示剂：10 ml 0.1% 溴甲酚绿乙醇溶液与 2 ml 0.1% 甲基红乙醇溶液混合。

思考题

1. 本实验为什么要测定 NPN 的含量？
2. 请解释通过凯氏定氮蒸馏装置，氨是如何被硼酸吸收的。

（吴颜晖）

三、紫外分光光度法测定蛋白质含量

实验原理

蛋白质的酪氨酸和色氨酸残基分别在约 275 nm 和 280 nm 波长下具有最强紫外吸收特征。由于大多数蛋白质中这两个氨基酸的紫外吸收作用是稳定的，因此纯蛋白质溶液中的蛋白质浓度通常与 280 nm 波长处的吸光度成正比。核酸最强吸收峰波长为 260 nm，但因为核酸在 280 nm 波长处也表现出紫外吸收作用，这会干扰蛋白质的含量测定。可以同时测量 280 nm 和 260 nm 波长的吸光度值来纠正误差。

操作步骤

1. 血清或其他蛋白质溶液的稀释：准确吸取 0.1 ml 血清至 50 ml 容量瓶中，加入生理盐水至刻度（稀释 500 倍）。

2. 吸光度测量：小心地将稀释的蛋白质样品转移到石英比色管中，并在波长 280 nm 和 260 nm 处分别读取吸光度值（A_{280} 和 A_{260}），以生理盐水作空白管。

3. 计算：根据在 280 nm 和 260 nm 处测得的吸光度，可根据以下公式计算溶液中的蛋白质浓度：

Lowry-Kalckar 公式

$$蛋白质浓度（mg/ml）=1.45 \times A_{280} - 0.74 \times A_{260}$$

Warbury-Christian 公式：

$$\text{蛋白质浓度（mg/ml）} = 1.55 \times A_{280} - 0.76 \times A_{260}$$

注意事项

1. 260 nm 和 280 nm 的吸光度在不同的蛋白质和核酸中变化很大，可能导致测量误差。此外，嘌呤核苷酸和嘧啶核苷酸在 260 nm 和 280 nm 处也有吸光度。

2. 该微量蛋白测定方法简便、灵敏，特别适合在硫酸铵或其他盐存在的情况下进行测量，但这也可能会干扰其他方法的测量结果。

实验器材和试剂

1. 器材　分光光度计、试管、滴管、微量移液器等。
2. 试剂
（1）血清。
（2）0.9%氯化钠溶液：称取分析纯 NaCl 0.89 g，蒸馏水稀释至 100 ml。

思考题

本实验中为什么要测定 A_{260}？

（吴颜晖）

四、BCA 法测定蛋白质含量（可见分光光度法、试剂盒法）

实验原理

二辛可酸（bicinchoninic acid，BCA）法测定蛋白质的原理与 Lowry 法相似。即在碱性条件下蛋白质与二价铜离子 Cu^{2+} 络合，并将其还原成一价铜离子 Cu^+。一价铜离子和 BCA 试剂反应，使其由原来的苹果绿形成稳定的紫蓝色复合物，在 562 nm 波长下有强烈的光吸收作用，且吸光度值和蛋白质浓度在广泛的范围内有良好的线性关系，因此可用于蛋白质浓度测定（图 5-4）。

BCA 测定蛋白质浓度的范围是 20～200 μg/ml，微量 BCA 测定范围在 0.5～10 μg/ml。

此方法被科研工作者广泛选用，其特点：①操作简便，快速，比经典的 Lowry 法快 4 倍；②灵敏度高，最小检测量达 0.5 μg；③准确，试剂稳定性好，在 20～200 μg/ml 浓度范围内有良好的线性关系，检测不同蛋白质分子的变异系数远小于考马斯亮蓝法；④经济实用，测定可在微板孔中进行（待测样品体积为 1～20 μl），可大大节约样品和试剂用量；⑤抗干扰能力较强，不受绝大部分样品中的去污剂、尿素等化学物质影响，

$$蛋白质 + Cu^{2+} \xrightarrow{OH^-} 蛋白质 + Cu^+$$

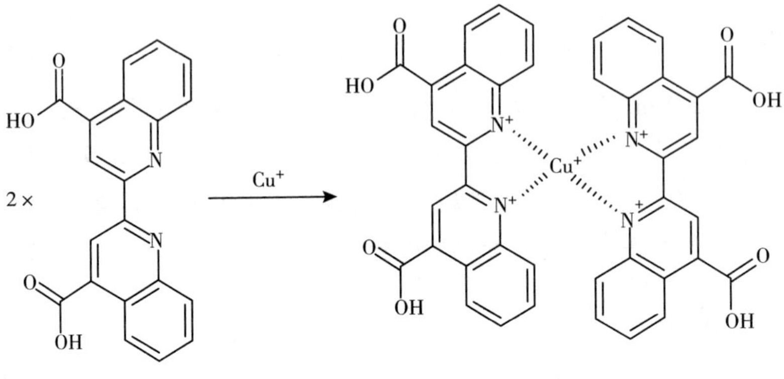

二辛可酸（BCA）　　　　蓝紫色复合物

图 5-4　BCA 法的化学反应

可以兼容样品中高达 50 g/L 的 SDS、Triton X-100 和 Tween20、60、80。

操作步骤

1. 可见分光光度法步骤

（1）取干净的试管 13 支，编号（除空白管只做 1 管外，其他各号测定管均重复做 2 管），按表 5-3 操作并记录。

表 5-3　BCA 可见分光光度法溶液配制表　　单位：ml

试剂	空白管	标准管					测定管
		1	2	3	4	5	
蛋白质标准液	—	0.02	0.04	0.06	0.08	0.1	—
双蒸水	0.1	0.08	0.06	0.04	0.02	—	—
待测样品	—	—	—	—	—	—	0.1
BCA 工作液	2.0	2.0	2.0	2.0	2.0	2.0	2.0
混匀，37℃保温 30 min，比色测定							
A_{562}							

（2）以蛋白质含量（μg）为横坐标，吸光度值为纵坐标绘制标准曲线（图 5-5）。

（3）用测定管平均吸光度值在标准曲线上查出相应的蛋白质含量，计算求出该待测蛋白质的含量（g/L）。

（4）从标准管中选择一管与测定管吸光度值相接近者，按比色法计算公式计算求

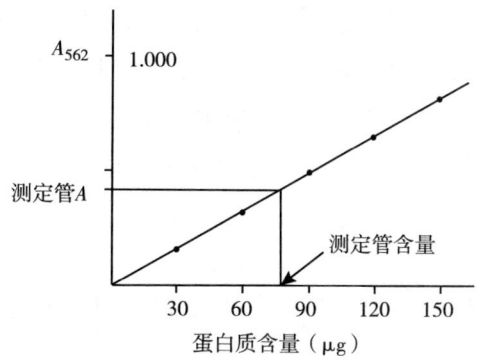

图 5-5　可见分光光度法标准曲线

出该待测蛋白质浓度（g/L）。

$$C_测 = A_测 / A_标 \times C_标$$

2. 试剂盒法操作步骤

（1）取一块酶标板，按照表 5-4 加入试剂。

表 5-4　BCA 试剂盒法溶液配制表

试剂	孔号							
	1	2	3	4	5	6	7	8
蛋白标准溶液（μl）	0	1	2	4	8	12	16	20
去离子水（μl）	20	19	18	16	12	8	4	0
对应蛋白含量（μg）	0	1.5	3.0	6.0	12.0	18.0	24.0	30.0

（2）根据标准孔的数量，按 BCA 试剂 A∶B=50∶1 的比例配制适量 BCA 工作液，充分混匀。

（3）各孔加入 200 μl BCA 工作液。

（4）把酶标板放在振荡器上振荡 30 s，37℃放置 30 min，在 562 nm 波长下比色测定。以蛋白质含量（μg）为横坐标，吸光度值为纵坐标，绘出标准曲线（图 5-6）。

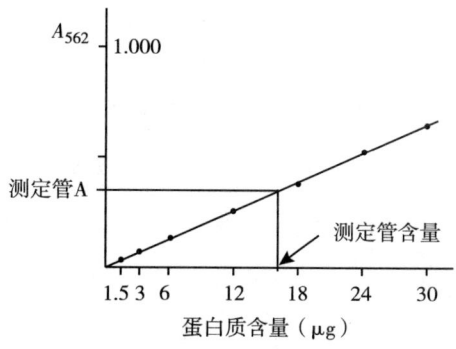

图 5-6　试剂盒法标准曲线

（5）稀释待测样品至合适浓度，样品稀释液总体积为 20 μl，加入 BCA 工作液 200 μl，充分混匀，37℃放置 30 min，在 562 nm 波长下比色测定，记录吸光度值。根据吸光度值，在标准曲线上即可查出相应的蛋白质含量（μg），除以样品稀释液总体积（20 μl），乘以样品稀释倍数即为样品实际浓度（μg/μl）。

实验器材和试剂

1. 器材　分光光度计、恒温水浴箱、微量移液器、试管 13 支、吸管 2 ml 1 支、0.1 ml 3 支。

2. 试剂

（1）试剂 A：1% BCA 二钠盐、2% 无水碳酸钠、0.16% 酒石酸钠、0.4% 氢氧化钠、0.95% 碳酸氢钠混合，调 pH 至 11.25。

（2）试剂 B：40 g/L 硫酸铜。

（3）BCA 工作液：试剂 A 100 ml + 试剂 B 2 ml 混合即成。市面有 BCA 法试剂盒销售。

（4）蛋白质标准液：用结晶牛血清白蛋白，根据其纯度用生理盐水配制成 1.5 mg/ml 的蛋白质标准液（纯度可经凯氏定氮法测定蛋白质含量而确定）。

（5）待测样品。

思考题

1. 试比较 BCA 法与双缩脲法、Lowry 法的异同。
2. 为什么 BCA 法常用于科研？其有哪些优势？

（蒋建伟　吴颜晖）

实验六
凝胶过滤层析法脱盐分离丙种球蛋白

实验目的

1. 掌握盐析法分离丙种球蛋白的原理和操作。
2. 掌握分子筛效应的原理。
3. 熟悉分子筛层析法分离蛋白质和盐混合物的操作。

实验原理

层析法又称色谱法，是近代生物化学领域中最常用的技术。层析技术分离物质的原理是利用混合物中各组分的物理化学性质（溶解度、吸附能力、分子形状和大小、分子极性、分子亲和力、分配系数等）差异，使它们通过一个互不相溶的两相（固定相和流动相）时，表现出分配比例或者移动速率的差异而分离。

凝胶过滤层析是利用具有多孔网状结构颗粒的分子筛作用，根据被分离样品中各组分分子量大小的差异进行洗脱分离的一项技术，又称为分子筛层析或排阻层析。层析柱中填充了带孔的交联葡聚糖凝胶珠作为凝胶基质，可形成多孔径的网状结构。当待分离的大分子蛋白质和小分子盐的混合物加入凝胶柱进行洗脱时，由于大分子蛋白质的直径大于凝胶孔径，只能沿凝胶珠之间的间隙流动而快速过柱；而小分子的盐则可以进入凝胶孔径内，通过洗脱以较慢的速度过柱，这样混合物中分子大小不同的物质可以得到分离（图6-1）。

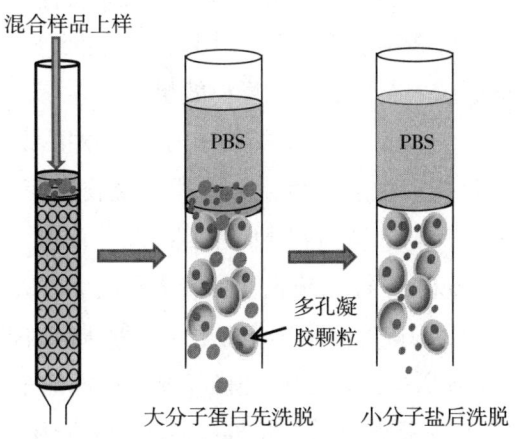

图6-1 凝胶过滤的分子筛效应

本实验先通过盐析作用，在33%饱和的硫酸铵中将丙种球蛋白从其他血清蛋白中分离出来，然后再用Sephadex G-25凝胶（商品名）层析过滤分离小分子硫酸铵和大分子蛋白质并鉴定层析分离效果。

操作步骤

1. 盐析 从人血清中得到丙种球蛋白。

（1）吸取 1 ml 人血清至 10 ml 离心管中，用 1 ml 磷酸盐缓冲液（PBS）稀释、混匀，然后逐滴添加 1 ml 的 pH 为 7.2 的饱和硫酸铵混匀，静置 10 min。如使用小牛血清代替人血清，则不加 PBS。

（2）离心管 2000 r/min 离心 10 min，弃掉上清液。

（3）加入 2 ml 的 PBS，将沉淀重悬于 PBS，再加入 1 ml 饱和硫酸铵，充分混匀，静置 5 min，如使用小牛血清代替人血清，则只加 1 ml 的 PBS。

（4）离心管 2000 r/min 离心 10 min，再次弃掉大部分上清液，得到的沉淀为半纯化的丙种球蛋白（含有硫酸铵盐等杂质）。

2. 层析过滤脱盐和鉴定

（1）装柱

1）缓慢地将 2 g Sephadex G-25 倒入 100 ml 蒸馏水中，使悬浮液静置过夜。或可通过将悬浮液在 100℃下加热 2 h 来加速葡聚糖凝胶溶胀平衡。

2）将凝胶溶胀悬液转移至 100 ml 小烧杯，静置 3~5 min，去掉大部分上清液（凝胶和蒸馏水比例 2∶1），备用。

3）将玻璃柱安装到支架上固定，并确保其完全垂直。倒入 15 ml 蒸馏水清洗玻璃柱，松开层析柱下缘橡皮管出口控制阀，当水面高于下缘烧结板 1 cm 时关闭出口。

4）玻璃棒搅拌凝胶悬浮液，并快速沿玻璃棒将凝胶匀速倒入层析柱中，静置 2~5 min 后可见凝胶床面初步形成。松开控制阀使液面下降，凝胶床面将快速形成，一般层析凝胶高度约为 10 cm。注意所有凝胶悬浮液必须一次性加入，否则可能会形成凝胶中断层面影响层析效果。

5）在液面高于凝胶床面 2 cm 左右时先后慢慢加入 10 ml 蒸馏水和 20 ml PBS 冲洗凝胶柱，注意避免让水流冲破凝胶床面。其间要调节控制阀使流速为 12~15 滴/分。最后待 PBS 液面刚刚降落到凝胶床面时，手动关闭软管，准备上样。

（2）上样、洗脱、收集洗脱液

1）用长滴管将半纯化的丙种球蛋白样品充分混匀，小心轻柔地将样品沿玻璃柱内壁加到凝胶床面，以免破坏凝胶床面的平整。

2）松开软管，待样品液进入凝胶床后，手动关闭软管，缓慢加入 PBS 到层析柱顶端。注意要随时补充 PBS 到顶端，一方面不能让凝胶接触空气，另一方面也能维持稳定的水压以保证流速的恒定。

3）松开软管，快速调整流速为 12~15 滴/分。准备 15~20 个干净的试管，流速调好后立刻开始收集洗脱液，每管收集 20 滴。

4）回收凝胶。收集完毕后，开放控制阀，加入蒸馏水 30 ml 清洗凝胶。取下层析柱，用洗耳球嘴尖套住层析柱下缘的橡皮收集管，将层析柱内的凝胶推出到 100 ml 小烧杯中，若有残余的凝胶，可以多次加入蒸馏水冲洗凝胶到烧杯备用。

（3）成分鉴定

1）在黑色检测瓷板上 1 滴洗脱液与 1 滴 20％磺基水杨酸混合，观察各管洗脱液是否有蛋白质存在（可见变性后的蛋白质白色沉淀），用 "x～xxxx" 来记录蛋白质沉淀量。

2）在黑色检测瓷板上 1 滴洗脱液与 1 滴 $BaCl_2$ 混合，观察各管洗脱液是否有 SO_4^{2-}（可见 $BaSO_4$ 白色沉淀），用 "+～++++" 来记录 $BaSO_4$ 沉淀量（表 6-1）。

表 6-1 洗脱液成分鉴定结果

试管编号	蛋白质沉淀量	$BaSO_4$ 沉淀量	试管编号	蛋白质沉淀量	$BaSO_4$ 沉淀量
1			11		
2			12		
3			13		
4			14		
5			15		
6			16		
7			17		
8			18		
9			19		
10			20		

3. 绘制洗脱曲线 以不同等级的 "+ 或 x" 为纵坐标，试管编号为横坐标绘制洗脱曲线，并根据曲线分析实验结果。

实验器材和试剂

1. 器材 玻璃层析管（内径约 1 cm、高 20 cm）、离心机、微量移液器、滴管、试管等。

2. 试剂

（1）葡聚糖凝胶 G-25：称取 10 g Sephadex G-25，加 200 ml 0.02 mol/L pH 6.5 磷酸盐缓冲液溶胀 24 h。

（2）血清。

（3）蒸馏水。

（4）PBS 缓冲液：90 g NaCl 用 0.01 mol/L 的 pH 7.2 的磷酸盐缓冲液溶解并定容至 1000 ml。

（5）0.2 mol/L，pH 7.2 磷酸盐缓冲液：0.2 mol/L Na_2HPO_4 72 ml 和 0.2 mol/L NaH_2PO_4 28 ml 混合。

（6）饱和（NH_4）$_2SO_4$（pH 7.2）：称取（NH_4）$_2SO_4$ 约 767 g，溶解至 1000 ml 蒸馏水中，至不能完全溶解为止，过滤后调 pH 为 7.2。

（7）20% 磺基水杨酸：5-磺基水杨酸 20 g，溶于蒸馏水中并定容至 100 ml。

（8）1% $BaCl_2$：称取 1 g 分析纯 $BaCl_2$ 晶体，用蒸馏水溶解并定容至 100 ml。

思考题

1. 本实验方法中的固定相和流动相分别是什么？
2. 上样前为什么要让 PBS 液面高过凝胶？

（吴颜晖）

实验七
离子交换层析分离氨基酸

实验目的

1. 掌握离子交换层析法的原理及基本操作。
2. 掌握离子交换层析洗脱曲线的绘制。

实验原理

离子交换层析的主要特征是利用带相反电荷粒子之间的吸引力的作用。许多生物分子，例如氨基酸、蛋白质、核苷酸和核酸，都具有可电离的基团，它们所带的净电荷取决于溶液的 pH 及其等电点。在非等电点条件下，它们携带有净正电荷或净负电荷，可以用离子交换层析来分离这些化合物的混合物。离子交换有两种类型：带有正电荷分子与另一个正电荷离子交换，并结合到带负电荷的固定相（含离子交换剂），叫作阳离子交换。同理反之，叫作阴离子交换。

离子交换剂的基质材料主要分两大类：疏水性离子交换剂和亲水性离子交换剂。疏水性离子交换剂是一种人工合成树脂，多由苯乙烯与交联剂二乙烯苯聚合而成。在树脂中再以共价键引入不同的电荷基团，由于引入电荷基团的性质不同，又可分为阳离子交换树脂、阴离子交换树脂。亲水性离子交换剂多为经过化学修饰的纤维素，其通常用于分离分子量较大的蛋白质或核酸分子。

按照离子交换剂对 pH 变化的适用程度可分为强离子交换剂和弱离子交换剂。强离子交换剂含有强酸或强碱基团，在广泛的 pH 条件下仍保持电离状态，常用于极端 pH 下分离小分子；弱离子交换剂包含弱酸或弱碱基团，其电离程度依赖于环境的 pH，常用于分离对极端 pH 敏感的分子（蛋白质），温和的 pH 和离子强度更有利于分离蛋白质。

离子交换层析在充满离子交换剂的层析柱中进行。样品混合物加入层析柱中，与离子交换剂充分接触，带有与交换剂相反电荷的物质与交换剂结合，而中性分子和同电荷分子不结合，首先从层析柱洗脱，然后，通过增加盐的浓度或改变 pH 来洗脱结合的物质。当盐的浓度增加时，盐离子取代结合物质的概率也随之增加。结合的强度取决于被分离的物质的电荷量。要交换的分子带的电荷越多，其与交换剂的结合就越紧密，需要洗脱的盐浓度就越高。在实际操作中，梯度洗脱比等度洗脱更常用。可以采用连续或逐步的pH和离子强度梯度洗脱，但连续梯度洗脱往往具有更好的洗脱分辨率。使用过的层析树脂用酸、碱或适当的缓冲液处理以后还可以再次使用，这个过程称为"再生"。

氨基酸是两性电解质，大部分氨基酸在酸性环境下带正电荷，可被阳离子交换树脂上的负电基团强吸附。通过调节pH或缓冲液的离子浓度，可将它们从柱中洗脱分离、收集。与茚三酮反应后，可用分光光度法检测收集的洗脱液。本实验用阳离子交换层析法分离天冬氨酸和赖氨酸的混合物。在pH为4.0的柠檬酸钠缓冲液洗脱时，天冬氨酸带负电荷，赖氨酸带正电荷。带正电荷的赖氨酸被阳离子交换剂吸附，而天冬氨酸不被吸附先被洗脱出来。收集完洗脱的天冬氨酸后，改用pH为9.8的0.4 mol/L硼酸钠缓冲液洗脱，此pH略高于赖氨酸的等电点，使赖氨酸带少量负电荷。失去了分子表面的正电荷，赖氨酸不再与阳离子交换剂结合，随后逐渐被洗脱下来（图7-1）。

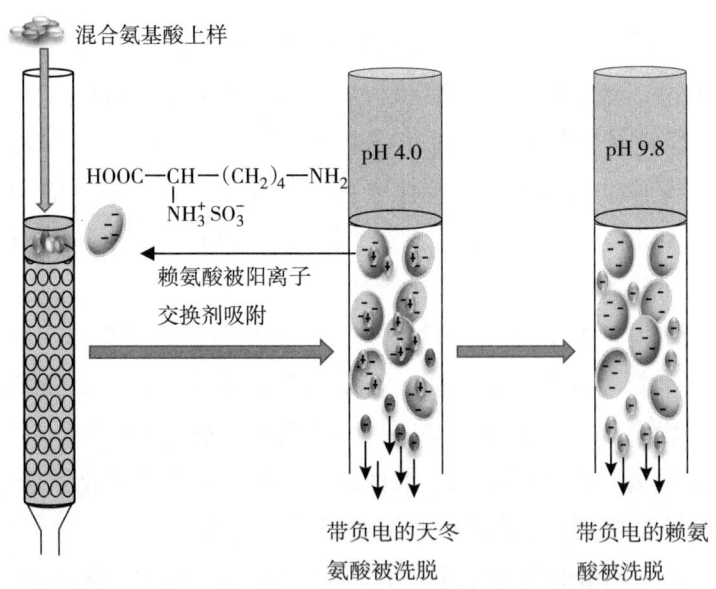

图7-1 阳离子交换层析分离天冬氨酸和赖氨酸

操作步骤

1. 用4倍量的2 mol/L HCl浸泡处理树脂，倒掉多余的酸液。用蒸馏水冲洗树脂，直至pH为6.0。

2. 装层析柱

（1）取1个干净的层析管（内径约1 cm，高20 cm），垂直固定在铁架台，小橡皮软管连接到层析柱的底部。使用螺丝夹、旋塞或其他装置来控制液体的流出速度。用

30 ml 蒸馏水冲洗层析管，并通过底部的软管排出，直到大约 3 cm 高的蒸馏水留在层析柱底部，关闭软管出口。

（2）在蒸馏水中用玻璃棒搅拌以悬浮树脂，当树脂几乎完全沉淀时，轻轻倒掉上清液体。

（3）将细玻璃棒倾斜靠在层析管的内壁，将搅拌后的树脂悬浮液沿玻璃棒缓慢、连续一次性加到管中，注意在此过程中要避免气泡的产生。松开软管，调整层析柱底部的软管松紧，使蒸馏水以 6~8 滴/分的速度流出，注意树脂高度须达到 8 cm，树脂床面必须平整。装柱完成后直至实验完成前都要避免柱内液体流干而使实验失败。

（4）用 pH 4.0 的 0.4 mol/L 柠檬酸钠缓冲液冲洗树脂，流速可调至 30 滴/分，直到洗脱液的 pH 达到 4.0，大约需要 20 min。然后用 10~15 ml pH 为 3.0 的 0.05 mol/L 柠檬酸钠缓冲液冲洗树脂。

3. 氨基酸样品（天冬氨酸和赖氨酸的混合物）上样：当液面刚刚降至树脂床面时，手动关闭软管，在床面加入氨基酸混合物 0.5 ml，松开软管，当液面降至树脂床面时，手动关闭软管，轻轻加入 1 ml pH 为 3.0 的 0.05 mol/L 柠檬酸钠缓冲液，松开软管，将管内壁残留的样品洗入树脂中。当液面到达柱床表面时关闭软管，然后慢慢加入上述柠檬酸钠缓冲液 5 ml 左右并松开软管以冲洗树脂。

4. 用 pH 为 4.0 的 0.4 mol/L 柠檬酸钠缓冲液洗脱柱，调整流速为 6~8 滴/分，用试管收集洗脱液，每管收集约 20 滴。

5. 每收集完成 1 管后，要做好标记，立刻从每个试管中取 1 滴洗脱液，滴加到滤纸上，用吹风机吹干。再加 1 滴 0.1% 茚三酮溶液，再次干燥。如果滤纸上出现紫色斑点，就说明此管洗脱液中含有氨基酸。

6. 当第一个氨基酸从柱中完全洗脱后，改用 pH 为 9.8 的 0.4 mol/L 硼酸钠缓冲液洗脱，继续收集洗脱液。按第 5 步的操作，每管进行茚三酮反应检测氨基酸。

7. 分别从每一个收集管取 0.2 ml 洗脱液加入一新试管，再加入 0.2 ml 0.5% 茚三酮溶液，沸水浴 3 min。观察溶液颜色变化，用"+~++++"记录颜色深浅。

8. 树脂的再生：实验结束后，树脂必须先用 2 mol/L NaOH 漂洗，直到滤液的 pH 为 14 左右。然后用蒸馏水冲洗，直至滤液为中性。然后用 2 mol/L 盐酸冲洗树脂，直到滤液的 pH 为 1.0。最后用蒸馏水冲洗，直至洗脱液 pH 为 6.0，回收树脂。

9. 以收集管号为横坐标，颜色深浅程度为纵坐标绘制洗脱曲线。

注意事项

1. 层析柱必须保持垂直状态。

2. 在制备层析柱时，倒入树脂时不要太快，以免产生泡沫和气泡。装好的层析柱应该没有纹路、节痕、气泡和渗漏，并且柱床表面平整而均匀，这样才可以投入使用，否则要重新装柱。

3. 须保证柱床高度不低于 8 cm，太低太高都不好。

4. 要注意流速的调整。

5. 天冬氨酸等电点为 2.97，赖氨酸等电点为 9.74。

实验器材和试剂

1. 器材　层析柱、铁架台、微量移液器、试管、量筒、滴管、吹风机、滤纸等。

2. 试剂

（1）氨基酸混合物（0.01 mol/L HCl 中添加 0.25% 天冬氨酸和 0.25% 赖氨酸）。

（2）阳离子交换树脂。

（3）2 mol/L NaOH。

（4）2 mol/L HCl。

（5）柠檬酸钠缓冲液（0.05 mol/L，pH 为 3.0）。

（6）柠檬酸钠缓冲液（0.4 mol/L，pH 为 4.0）。

（7）硼酸钠缓冲液（0.4 mol/L，pH 为 9.8）。

（8）0.1% 茚三酮。

（9）0.5% 茚三酮。

思考题

1. 离子交换层析技术原理及分类是什么？

2. 离子交换层析技术使用过程中，要想获得较理想的实验结果，要注意什么？

（陈万群）

实验八 酶的性质

实验目的

1. 掌握酶的性质及各种检测方法。
2. 掌握酶促反应速度与底物浓度的关系。

一、酶的专一性

实验原理

酶具有高度底物特异性，每种酶只能催化一种或者一类相似的物质发生催化反应。本实验以淀粉酶和蔗糖酶为例，观察它们对蔗糖和淀粉的水解作用。淀粉本身不具备还原性，其水解产物糊精和麦芽糖具有还原性。蔗糖本身也不具有还原性，但其水解产物葡萄糖具有还原性。还原性糖将班氏试剂的 Cu^{2+} 还原为 Cu^+，Cu^+ 进一步生成氢氧化亚铜（CuOH），加热后生成砖红色的氧化亚铜（Cu_2O）沉淀。其反应式如下：

$$\text{淀粉} \xrightarrow{\text{唾液淀粉酶}} \text{糊精} + \text{麦芽糖（具有还原性）}$$

$$\text{蔗糖} \xrightarrow{\text{蔗糖酶}} \text{葡萄糖（具有还原性）}$$

$$\text{班氏试剂 } Cu^{2+} \xrightarrow{\text{还原性糖}} Cu^+ \xrightarrow{OH^-} \underset{\text{黄色}}{CuOH} \xrightarrow{\triangle} \underset{\text{砖红色}}{Cu_2O}$$

操作步骤

1. 制备稀释唾液：用水漱口，清除口腔内的食物残渣，用脱脂棉过滤漏斗收集唾液滤液约 1 ml，加蒸馏水 9 ml，混匀后备用。
2. 准备干净的试管 6 支，分别按表 8-1 编号并加入试剂。

表 8-1　淀粉酶和蔗糖酶的专一性　　　　　　　　　　　　　　　单位：滴

试剂	试管编号					
	1	2	3	4	5	6
0.5%淀粉-NaCl液	16	16	16	—	—	—
0.5%蔗糖液	—	—	—	16	16	16
稀释唾液	8	—	—	8	—	—
煮沸稀释唾液	—	8	—	—	—	—
蔗糖酶液	—	—	—	8	—	8
煮沸蔗糖酶液	—	—	—	—	—	8

3. 混匀，置于 40℃水浴保温 10 min。

4. 在各管加入班氏试剂 15～20 滴，摇匀。置于沸水浴中煮沸 3 min，观察各管颜色变化，并记录结果。

实验器材和试剂

1. 器材　过滤漏斗、电恒温水浴、试管、滴管、一次性口杯等。

2. 试剂

（1）0.5％淀粉-NaCl液（含 0.3％的 NaCl）：称取 0.5 g 可溶性淀粉，0.3 g NaCl，蒸馏水煮沸溶解，定容至 100 ml。

（2）0.5％蔗糖液：称取 0.5 g 蔗糖，蒸馏水溶解，定容至 100 ml。

（3）蔗糖酶液：取酵母 2 g 于研钵内，加蒸馏水 8 ml、玻璃粉 5 g，研磨 5 min，用棉花过滤 3 次后保存备用。

（4）班氏试剂：溶解柠檬酸钠 17.3 g 和无水碳酸钠 100 g 于 800 ml 蒸馏水中（可加热快速溶解）。另将结晶硫酸铜 17.3 g 溶解于 100 ml 蒸馏水中，然后慢慢倒入柠檬酸钠、碳酸钠溶液中，不断搅拌，定容至 1000 ml。

思考题

1. 从分子结构特点分析为什么淀粉和蔗糖都不具有还原性，而其水解产物有还原性？

2. 班氏试剂的反应工作原理是什么？

二、温度对酶活性的影响

实验原理

温度对酶的催化活性有显著影响，随着温度降低，酶促反应速度相应降低以至完全停止反应。随着温度升高，反应速度逐渐加快。当温度上升至某一值时，酶促反应速度达最大值，此温度称酶作用的最适温度。如温度继续升高，反应速度反而下降。人体内大多数酶的最适温度在37℃左右。

与碘反应： 淀粉 →(淀粉酶) 蓝色糊精 → 红色糊精 →(淀粉酶) 麦芽糖和葡萄糖
（蓝色）　（蓝色）　（紫红色）　（黄色，碘的颜色）

本实验以唾液淀粉酶为例，唾液淀粉酶催化淀粉水解。利用碘与淀粉及其水解产物的颜色反应，来比较唾液淀粉酶在不同温度下催化淀粉水解的速度。

操作步骤

1. 制备稀释唾液：用水漱口，清除口腔内的食物残渣，收集唾液2～3 ml，用蒸馏水稀释20倍，混匀后用脱脂棉过滤，备用。

2. 取3支试管，按表8-2操作。

表8-2　温度对酶活性的影响　　　　　　　　　　　　　　　单位：滴

试剂	试管编号		
	1	2	3
0.5%淀粉液	10	10	10
pH 6.8 缓冲液	3	3	3
0.3% NaCl	3	3	3

3. 各管混匀后，将1号、2号、3号试管分别置于沸水浴（100℃）、温水浴（37℃）、和冰浴（4℃）中5 min，再向各管加入稀释唾液3滴，继续放置试管到原水浴中5 min。

4. 每管取出2滴试液在白瓷板上，加碘液1滴，观察颜色并记录结果。

5. 然后再将1、3两管置37℃水浴中5 min，各管中加碘液1滴，观察颜色变化并分析结果。

实验器材和试剂

1. 器材　过滤漏斗、电热恒温水浴、多孔白瓷板、试管、滴管、量筒、一次性口杯等。

2. 试剂

（1）0.5%淀粉液：称取0.5 g可溶性淀粉，蒸馏水煮沸溶解，定容至100 ml。

（2）0.3% NaCl溶液：称取0.3 g NaCl，蒸馏水溶解，定容至100 ml。

（3）pH为6.8缓冲液：取0.2 mol/L磷酸二氢钾溶液250 ml，加0.2 mol/L氢氧化钠溶液118 ml，用蒸馏水稀释至1000 ml，摇匀，即得。

思考题

1. 酶反应的最适温度是酶的特征性常数吗？其与哪些因素有关？
2. 进行酶的实验必须注意控制哪些条件，为什么？

三、pH、激活剂、抑制剂对酶活性的影响

实验原理

酶活性与其作用环境的 pH 密切相关。pH 既影响酶蛋白本身，也影响底物的解离程度，从而改变酶与底物的结合和催化作用。在某一定 pH 时酶活性达最大值，这一 pH 称为酶的最适 pH。不同的酶最适 pH 不尽相同，人体多数酶的最适 pH 在 7.0 左右。例如唾液淀粉酶的最适 pH 为 6.8。氯离子对该酶的活性有激活作用，铜离子则有抑制作用。本实验以唾液淀粉酶为例，观察 pH、激活剂和抑制剂对酶活性的影响，观察淀粉水解的方法同前。

操作步骤

1. 制备稀释唾液　用水漱口，清除口腔内的食物残渣，收集唾液 2～3 ml，用蒸馏水稀释 20 倍，混匀后用脱脂棉过滤，备用。
2. 准备 7 支干净的试管，按表 8-3 操作。

表 8-3　pH、激活剂、抑制剂影响唾液淀粉酶活性　　　　　　　　　单位：滴

试剂	试管编号						
	1	2	3	4	5	6	7
0.2%淀粉液	15	15	15	15	15	15	15
pH 4.92 缓冲液	—	15	—	—	—	—	—
pH 6.81 缓冲液	15	—	15	—	—	—	—
pH 8.67 缓冲液	—	—	—	15	—	—	—
0.85% NaCl	—	—	—	—	15	—	—
1% $CuSO_4$	—	—	—	—	—	15	—
1% Na_2SO_4	—	—	—	—	—	—	15
稀释唾液	—	5	5	5	5	5	5
H_2O	5	—	—	—	—	—	—

3. 将各管混匀后，同时置于 37～40℃水浴中保温。约 1 min 后，由第 3 管取出 1 滴置白瓷板上做碘反应，观察颜色，等观察到棕色后（如为蓝色，则仍每间隔 1 min 做 1 次碘反应）再将各管取出，各管分别加碘液 2 滴，摇匀，观察并解释其结果。

实验器材和试剂

1. 器材　过滤漏斗、电热恒温水浴、试管、滴管、量筒、一次性口杯等。
2. 试剂

（1）0.2% 淀粉液：称取 0.2 g 可溶性淀粉，蒸馏水煮沸溶解后定容至 100 ml。

（2）0.85% NaCl 溶液：称取 0.85 g NaCl，蒸馏水溶解，定容至 100 ml。

（3）1% $CuSO_4$ 溶液：称取 1.56 g $CuSO_4 \cdot 5H_2O$ 蒸馏水溶解，并定容至 100 ml。

（4）1% Na_2SO_4 溶液：称取 1 g Na_2SO_4 蒸馏水溶解，并定容至 100 ml。

（5）不同 pH 缓冲液的配制

1）1/15 mol/L KH_2PO_4 液：称取纯 KH_2PO_4 9.078 g 加蒸馏水溶解并稀释至 1000 ml。

2）1/15 mol/L Na_2HPO_4 液：称取纯 $Na_2HPO_4 \cdot 2H_2O$ 11.815 g，加蒸馏水溶解并稀释至 1000 ml。

两液按表 8-4 比例混合均匀，即可得各 pH 的缓冲液。

表 8-4　不同 pH 缓冲液的配制　　　　　　　　　　　单位：ml

试剂	pH		
	4.92	6.81	8.67
1/15 mol/L KH_2PO_4	9.90	5.0	0.10
1/15 mol/L Na_2HPO_4	0.10	5.0	9.90

思考题

1. 影响酶促反应速度的因素有哪些？
2. 酶反应的抑制剂作用有哪些类型？特点是什么？

四、血清淀粉酶同工酶的分离

实验原理

同工酶是指催化相同的化学反应但其氨基酸组成具有差异的酶。例如，催化淀粉水解的血清淀粉酶主要包括两种酶，一个是来自唾液腺的唾液淀粉酶，另一个是来自胰腺的胰淀粉酶。它们的氨基酸组成完全不同但催化相同反应，因此它们是同工酶。因为组成氨基酸的差异，同工酶在电泳中往往表现出不同的电泳行为，因此可以用来将彼此分离。

在本实验中，血清淀粉酶同工酶的不同组分通过在 CAM 薄膜条上的电泳得到分离，然后通过与碘溶液浸泡后的淀粉-琼脂板孵育来确定它们的位置。因为淀粉酶会导致淀粉水解，水解后的淀粉不会与碘发生反应，因此淀粉-琼脂板上无色的条带则表明存在淀粉酶的同工酶。

测定血清淀粉酶同工酶时，可观察到有两个主要的同工酶区带及数个次要区带。两个主要区带中的一个和胰腺的提纯物电泳的位置相同，因此命名为 P 同工酶，另一个和唾液腺提纯物电泳在同一位置，因此命名为 S 同工酶。临床上测定淀粉酶同工酶活性有助于对胰腺疾病的鉴别诊断。

操作步骤

1. 同工酶分离：将 CAM 薄膜条浸泡在 pH 为 8.6 的巴比妥缓冲液中 30 min，取出后用 2 张滤纸将其多余的水分吸干。区分 CAM 薄膜条的光滑和粗糙面，在粗糙面离薄膜端 1.5 cm 处点样 5 μl 血清。将 CAM 薄膜条放置在电泳槽中的滤纸电泳桥上平衡，注意点样面向下，点样端靠近负极。平衡静置 5 min 后开始电泳，电压 150 V，电泳 30～40 min 后关闭电源，取出 CAM 薄膜条。

2. 制备淀粉-琼脂平板：将预先制备的 0.5% 淀粉-1% 琼脂经热水浴溶解，当淀粉-琼脂溶液温度约为 65℃时，混匀后取出 3.5 ml 倒胶，待凝胶冷却凝固后备用。

3. 同工酶位置的确定：将 CAM 薄膜条放在淀粉-琼脂平板上，使样品点样面与凝胶充分紧密接触，注意去除两者之间的气泡。然后将其放入充满蒸汽的塑料孵育盒中，拧紧盒盖以免蒸发。将孵育盒于 45℃水浴 1 h 后小心取走 CAM 薄膜条。在淀粉-琼脂平板上的薄膜条位置加入几滴稀释碘溶液，反应 3～5 min 后，用蒸馏水将剩余的碘冲洗几次，直到同工酶带（无色带）清晰可见。用水冲洗多余的碘时，注意不要弄坏淀粉-琼脂板。

4. 观察淀粉-琼脂平板上出现的同工酶条带（无色带）。

实验器材和试剂

1. 器材　电热恒温水浴、微量移液器、电泳槽、电泳仪、载玻片、点样器、醋酸纤维素薄膜、漂洗（染色）缸、剪刀等。

2. 试剂

（1）巴比妥缓冲液，pH 为 8.6，离子强度 0.05：称取巴比妥钠 15.458 g 和巴比妥 2.768 g，蒸馏水溶解，定容至 1000 ml。

（2）磷酸盐缓冲液（pH 为 6.8）：1/15 mol/L KH_2PO_4 5 ml、1/15 mol/L Na_2HPO_4 5 ml 混匀。

（3）0.5%淀粉-1%琼脂：0.5 g 琼脂糖粉、0.25 g 可溶淀粉、50 ml TAE 缓冲液，加热溶解透明，冷却备用。

（4）原碘液：称取碘 11 g、碘化钾 22 g，加少量蒸馏水完全溶解后，蒸馏水定容至 500 ml，于棕色瓶中保存。

（5）稀碘液：吸取原碘液 2 ml，加碘化钾 20 g，用蒸馏水溶解，定容至 500 ml，于棕色瓶保存。

> **思考题**

根据实验结果分析 P 同工酶和 S 同工酶哪个分子量更大，为什么？

（吴颜晖）

实验九
Winslow 法测定尿（血清）中淀粉酶活性

实验目的

1. 了解 Winslow 法测定尿（血清）中淀粉酶活性的原理和方法。
2. 掌握倍比稀释的工作原理。

实验原理

血清及尿中的淀粉酶主要来源于胰腺和唾液腺，因其分子量较小（为 4~50 000 Da），故可从肾小球滤过而由尿中排出，所以血清与尿中具有一定淀粉酶活性。淀粉酶在体内的主要作用是水解淀粉，它能水解淀粉分子内的 α-1,4 糖苷键生成蓝色糊精和红色糊精，红色糊精进一步水解成麦芽糖和葡萄糖。淀粉可与碘反应，碘进入淀粉螺旋内形成蓝色化合物，而糊精与之反应呈紫红色，麦芽糖和葡萄糖则无颜色变化。

与碘反应： 淀粉 —淀粉酶→ 蓝色糊精 ——→ 红色糊精 —淀粉酶→ 麦芽糖和葡萄糖
（蓝色） （蓝色） （紫红色） （黄色，碘的颜色）

Winslow 法是将实验样本（血清或尿液）作倍比稀释后与碘反应观察颜色变化。在 37℃，30 min 正好能将 0.1% 淀粉溶液 1 ml 水解（指加入碘液后无蓝色显示）的酶量定为一个活性单位，再乘以稀释倍数，即可得知原样本液中的淀粉酶活性。

操作步骤

1. 取中段尿（稀释血清）作为原样本液备用。
2. 准备干净试管 10 支并编号，各管加入 0.9% NaCl 溶液 1 ml。
3. 倍比稀释：向第 1 管加入 1 ml 原样本液，与 0.9% NaCl 溶液吸打充分混匀（此时总体积 2 ml），再吸取 1 ml 转移到第 2 管，重复以上操作，转移 1 ml 到第 3 管，依次操作直到第 9 管，最后 1 管不加样本液（至此各管体积都是 1 ml）。倍比稀释完成后，各管分别含实验样本原液稀释后的 1/2、1/4、1/8、1/16、1/32……1/512。

4. 从第 10 管起依次向各管迅速准确加入 0.1％淀粉溶液 2 ml 迅速摇匀（是否充分混匀往往是实验成败的关键），置 37℃水浴中 30 min。

5. 取出各管后立即向各管加入 3％碘液 2 滴，摇匀后观察各管的颜色变化，记录结果。黄色表明没有淀粉或被淀粉酶水解成麦芽糖和葡萄糖，浅紫红色表明有淀粉的水解中间产物糊精，蓝色表明有淀粉存在。

6. 选择无蓝色管中稀释倍数最大的 1 管（或从第 10 管开始观察蓝色消失的试管）来计算酶活性。如第 7 管开始出现蓝色就选第 6 管来计算，已知第 6 管含原样本液 1/64 ml（稀释 64 倍），即 1/64 ml 原样本液能在 37℃、30 min 内水解 0.1％的淀粉 2 ml，再通过以下公式计算原样本液的淀粉酶活性：每 1 ml 原样本液的淀粉酶活性 = 1×2×稀释倍数（活性单位）。以第 6 管为例，此样本淀粉酶为 128 活性单位。

> **实验器材和试剂**

1. 器材　电热恒温水浴、微量移液器、试管、滴管、量筒等。

2. 试剂

（1）0.9％NaCl 溶液：称取 0.9 g NaCl 蒸馏水溶解，定容至 100 ml。

（2）3％碘液：称取分析纯结晶碘 11 g、分析纯碘化钾 22 g，蒸馏水溶解，定容至 500 ml，贮于棕色瓶内备用。

（3）0.1％淀粉溶液：称取 0.1 g 可溶淀粉，蒸馏水煮沸溶解，定容至 100 ml。

> **思考题**

为什么要选择蓝色消失的试管计算酶活性，而不是选择红色开始消失的试管计算？

（吴颜晖）

实验十
丙二酸对琥珀酸脱氢酶活性的竞争性抑制

实验目的

1. 掌握竞争性抑制剂浓度和底物浓度对竞争性抑制作用的影响。
2. 掌握酶促动力学分析 K_m 值和 V_{max} 的变化。

实验原理

在化学结构上与底物类似的抑制剂，能与底物分子竞争酶的活性中心，抑制酶的催化活性。因它们是竞争关系，抑制的程度取决于底物和抑制剂的浓度，理论上若抑制剂浓度不变，增加底物浓度可恢复酶的活性。从酶动力学分析，加入竞争抑制剂后，K_m 值增加，V_{max} 不变，达到最大速度需要更高浓度的底物分子。

肌肉组织中含有丰富的琥珀酸脱氢酶（succinate dehydrogenase，SDH），能催化琥珀酸脱氢生成延胡索酸。琥珀酸脱氢酶的辅酶是 FAD，脱下的氢交给 FAD 生成 $FADH_2$，在体内 $FADH_2$ 将 2H 沿氧化呼吸链最终传递给氧生成一分子水，在体外隔绝空气的条件下可将 2H 交给甲烯蓝，使甲烯蓝还原成甲烯白（图 10-1）。丙二酸是琥珀酸的结构类似物，琥珀酸脱氢酶一旦结合丙二酸，便不能结合、催化底物琥珀酸脱氢，即酶的活性降低且受到抑制。

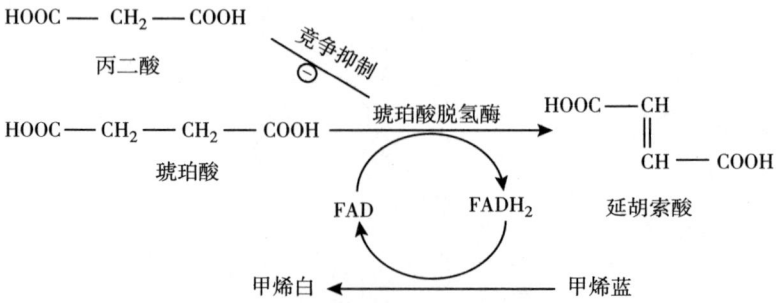

图 10-1 丙二酸竞争抑制琥珀酸脱氢酶

实验十 丙二酸对琥珀酸脱氢酶活性的竞争性抑制

操作步骤

1. 制备酶提取液：取猪心肌组织 10 g，蒸馏水清洗后剪碎，置于研钵中捣碎，研磨成糜状。加入 0.1 mol/L 的 PBS 缓冲液 25 ml 研磨混匀，双层纱布过滤，收集滤液备用，此滤液含有琥珀酸脱氢酶。

2. 按表 10-1 操作加入试剂。

表 10-1 丙二酸竞争抑制 SDH　　　　　　　　单位：滴

试剂	试管编号				
	1	2	3	4	5
酶提取液	20	20	20	20	—
0.2 mol/L 琥珀酸溶液	4	4	4	—	4
0.02 mol/L 琥珀酸溶液	—	—	—	4	—
0.2 mol/L 丙二酸溶液	—	—	4	4	—
0.02 mol/L 丙二酸溶液	—	4	—	—	—
蒸馏水	4	—	—	—	24
0.2% 甲烯蓝	2	2	2	2	2

3. 充分摇匀各管后，沿管壁慢慢加入石蜡 10 滴以隔绝空气，注意加入石蜡后不要摇动，以免溶液接触空气使甲烯白重新氧化成甲烯蓝。置 37℃ 水浴 10 min 后观察甲烯蓝还原褪色现象，并记录褪色时间，分析各管结果差异的原因。

实验器材和试剂

1. 器材　电热恒温水浴、研钵、纱布、滴管、微量移液器、试管等。

2. 试剂

（1）0.2 mol/L 琥珀酸溶液、0.02 mol/L 琥珀酸溶液、0.2 mol/L 丙二酸溶液、0.02 mol/L 丙二酸溶液：以上 4 种溶液均先用 5 mol/L 氢氧化钠调节 pH 为 7.0，再用 0.01 mol/L 氢氧化钠调节到 pH 为 7.4。

（2）0.1 mol/L 的 PBS：取 A 液 825 ml、B 液 175 ml 混合即得。

A 液：称取 Na_2HPO_4 9.47 g 溶解于蒸馏水中，定容至 1000 ml。

B 液：称取 KH_2PO_4 9.078 g 溶解于蒸馏水中，定容至 1000 ml。

（3）0.02% 的甲烯蓝溶液：称取 0.2 g 甲烯蓝，溶解于蒸馏水中，定容至 1000 ml。

（4）液体石蜡。

思考题

1. 什么是竞争性抑制，抑制剂作用的机制如何？
2. 分析本实验结果，各管的竞争抑制程度有何差异？

（吴颜晖）

实验十一
磷酸苯二钠法测定碱性磷酸酶

实验目的

1. 了解测定酶的反应速度的基本方法，并了解其重要意义。
2. 掌握米氏方程及米氏常数的意义。

实验原理

酶促反应的速度受底物浓度的影响很大，当温度、pH 和酶浓度恒定的条件下，酶促反应速率 V 随着底物浓度［S］的增加而增加，当底物浓度增加到一定极限时，反应速率趋于恒定，即达到最大反应速度 V_{max}（图 11-1）。速度和底物浓度之间的关系可以用米氏方程来表示，即：$V = V_{max} \times [S]/(K_m+[S])$，其中 K_m 是米氏常数。当 $V=1/2\ V_{max}$ 时，$K_m=[S]$，因此 K_m 的单位是浓度单位，以 mol/L 表示，大多数酶的 K_m 值为 0.01～100 mmol/L。K_m 是酶的特征性常数，与酶浓度无关，研究酶促反应时，测定 K_m 值具有重要的意义。

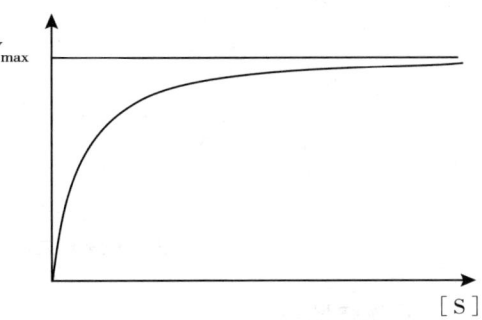

图 11-1 酶促反应速度 - 底物浓度曲线

如将米氏方程取双倒数，方程变形为 $1/V=K_m/V_{max} \times 1/[S] + 1/V_{max}$，以 $1/V$ 对 $1/[S]$ 作图，将得到一条不过原点的直线，横轴截距 $-1/K_m$，纵轴截距 $1/V_{max}$，斜率是 K_m/V_{max}，据此可以算出 K_m 值（图 11-2）。本实验将测定碱性磷酸酶 AKP（alkaline phosphatase）的 K_m 值和 V_{max}。

磷酸酶是催化磷酯酸水解的酶，也可水解磷酸甘油、磷酸二苯和磷酸对硝基苯等分子。磷酸酶分为酸性磷酸酶和碱性磷酸酶，酸性磷酸酶在 pH 约为 5 时具有最佳活性，碱性磷酸酶在 pH 约为 10 时具有最佳活性。酶的活性测定通常是通过测量酶在特定条件下生成产物的量来确定的。本实验采用磷酸苯二钠作为底物来测定 AKP 的 K_m 值和 V_{max}。磷酸苯二钠被 AKP 水解生成游离的苯酚和磷酸氢二钠，苯酚在铁氰化物的存在下可与

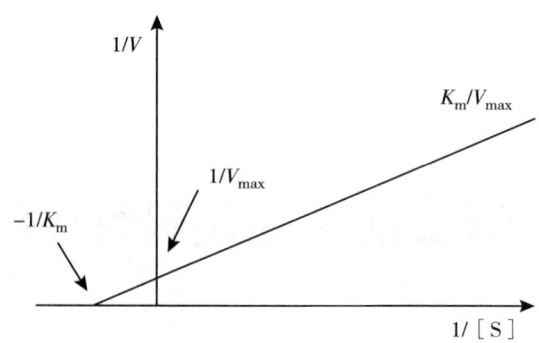

图 11-2 酶促反应速度 - 底物浓度的双倒数曲线

4- 氨基安替吡啉反应生成红色醌的衍生物（图 11-3）。酶催化反应的速度以单位体积、时间内释放的游离苯酚来表示，即单位体积每分钟释放的苯酚量（mol/L·min）。本实验酶促反应完成后，通过比色测量红色醌的吸光度值可以计算出苯酚的生成量和反应速度，最后通过双倒数米氏方程作图法，可以计算得到 AKP 的 K_m 值和 V_{max}。

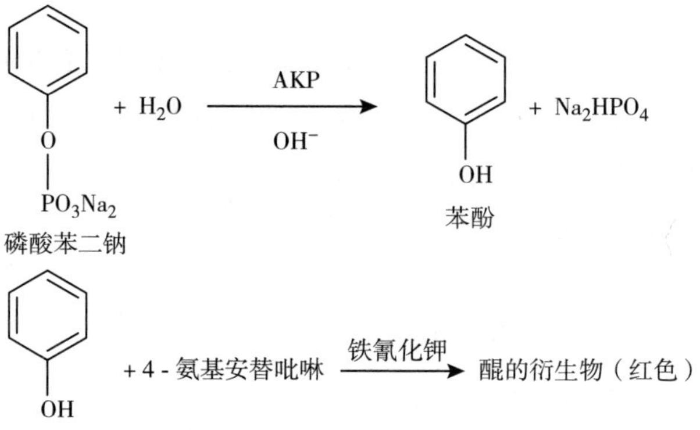

图 11-3 磷酸苯二钠被 AKP 催化水解后生成醌衍生物

操作步骤

1. 准备 10 支干净的试管，准确按表 11-1 加入试剂。

表 11-1 磷酸苯二钠法测定 AKP 单位：ml

试剂	试管编号									
	1	2	3	4	5	6	7	8	9	10
磷酸苯二钠（0.5 mmol/L）	0.1	0.15	0.20	0.25	0.3	0.4	0.6	0.8	1.0	0
甘氨酸缓冲液	0.8	0.8	0.8	0.8	0.8	0.8	0.8	0.8	0.8	0.8
H_2O	0.9	0.85	0.8	0.75	0.7	0.6	0.4	0.2	0	1.0
混匀，37℃水浴 5 min										
酶试剂	0.2	0.2	0.2	0.2	0.2	0.2	0.2	0.2	0.2	0.2

2. 从第 1 管加入酶试剂就开始计时，后续各管均速加入酶试剂。各管酶促反应时间必须精确 15 min。

3. 15 min 后立刻向各管均速加入 0.5 mol/L 的 NaOH 溶液 1 ml 中止反应。

4. 从水浴中拿出试管，向各管中分别加入 0.3% 的 4- 氨基安替吡啉 1.0 ml，充分混匀，再加入 0.5% 铁氰化钾 2 ml，充分混匀后室温静置 5 min。

5. 用空白管（编号 10）作为空白对照组，用 510 nm 的波长在分光光度计中测定各试管溶液的吸光度 A 值并记录实验结果。

计算

1. 根据苯酚标准曲线计算每管中释放的苯酚量（单位：μmol）。标准曲线的试剂配制按表 11-2 操作，以各管酚含量为横坐标，A_{510} 为纵坐标绘制标准曲线（图 11-4）。将表 11-1 中各管的吸光度值对照酚标准曲线计算出各管酚的生成量（μmol）。

表 11-2　标准曲线试剂配制　　　　　　　　　　　　　单位：ml

试剂	试管编号					
	1	2	3	4	5	6
标准酚溶液（1 μmol/ml）	0	0.05	0.1	0.2	0.3	0.4
H_2O	2	1.95	1.9	1.8	1.7	1.6
37℃保温 5 min						
0.5 mol/L NaOH	1	1	1	1	1	1
0.3% 4- 氨基安替吡啉	1	1	1	1	1	1
0.5% 铁氰化钾	2	2	2	2	2	2
混匀，放置 10 min，读取 A_{510}						
酚含量（μmol）	0	0.05	0.1	0.2	0.3	0.4

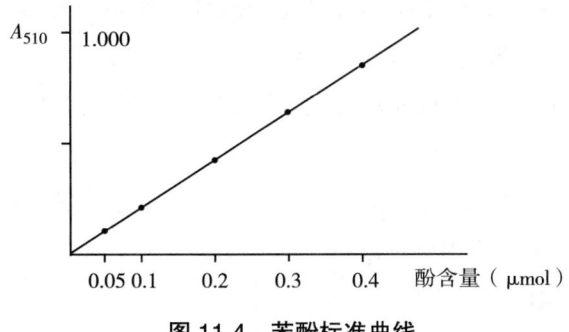

图 11-4　苯酚标准曲线

2. 按以下公式计算每管中的底物浓度（mol/L）和反应速度 [mol/（L·min）]，并取其倒数。

$$底物浓度(\text{mol/L}) = \frac{0.5\ \text{mmol/L} \times 各管加样体积(\text{ml}) \times 10^{-6}}{0.002\ \text{L}}$$

$$V(\text{mol/L}\cdot\text{min}) = \frac{酚的生成量(\mu\text{mol}) \times 10^{-6}}{0.002\ \text{L} \times 15\ \text{min}}$$

3. 将实验数据和计算结果填写至表 11-3。

表 11-3　实验数据与计算结果

	试管编号									
	1	2	3	4	5	6	7	8	9	10
吸光度值（A）										
酚产量（μmol）										
[S]（mol/L）										
1/[S]（L/mol）										
V[mol/（L·min）]										
1/V[（L·min）/mol]										

4. 绘制 1/V 对 1/[S] 的米氏方程双倒数曲线。

5. 在曲线上测量横轴截距 $-1/K_m$ 和纵轴截距 $1/V_{\max}$，计算出 AKP 的 K_m 值和 $V_{\max}$。

实验器材和试剂

1. 器材　电热恒温水浴、微量移液器、试管等。

2. 试剂

（1）底物溶液：磷酸苯二钠。称取磷酸苯二钠 254 mg，用蒸馏水溶解，并定容至 1000 ml。

（2）pH 为 8.8 的 0.1 mol/L Tris 缓冲液（配碱性磷酸酶用）：称取 Tris 12.114 g 加入 85 ml 0.1 mol/L HCl 中，蒸馏水定容至 1000 ml。

（3）碱性磷酸酶（1 ml≈50 μg）：称取碱性磷酸酶 25 mg，用 pH 为 8.8 的 0.1 mol/L Tris 缓冲液溶解，定容至 500 ml。

（4）标准酚应用液（1 ml≈1 μmol，1 ml≈0.094 mg）：称取苯酚 94 mg，溶于 10 ml 0.1 mol/L HCl，蒸馏水定容至 1000 ml。

（5）0.5 mol/L NaOH。

（6）0.3% 4-氨基安替吡啉：称取 4-氨基安替吡啉 6 g 和 $NaHCO_3$ 84 g，用蒸馏水溶解并定容至 2000 ml。

（7）0.5% 铁氰化钾：称取铁氰化钾 20 g 用 500 ml 蒸馏水溶解，称硼酸 60 g 溶于

2500 ml 水中，两液相混，用蒸馏水定容至 4000 ml。

（8）pH 为 10 的 0.2 mol/L 甘氨酸缓冲液

1）0.2 mol/L 甘氨酸：称取甘氨酸 30.02 g，用蒸馏水溶解定容至 2000 ml。

2）量取 0.2 mol/L NaOH 960 ml，0.2 mol/L 甘氨酸 1500 ml，用蒸馏水定容至 3000 ml。

思考题

1. 加入酶试剂后为什么各管要精确反应时间一致？如何操作能确保每管酶促反应时间一样？

2. 两种不同厂家的 AKP，测得 K_m 值不同但 V_{max} 一样，如何选择最优的？

（吴颜晖）

实验十二

血清谷丙转氨酶（GPT）测定（赖氏法）

实验目的

1. 了解血清谷丙转氨酶测定的方法和原理。
2. 掌握血清谷丙转氨酶测定的临床意义。

实验原理

丙氨酸和 α-酮戊二酸在血清谷丙转氨酶（GPT）的作用下生成丙酮酸及谷氨酸，在酶反应到达规定时间时，加入 2,4-二硝基苯肼-盐酸溶液以终止反应。生成的丙酮酸与 2,4-二硝基苯肼作用，生成丙酮酸-2,4-二硝基苯腙，苯腙在碱性条件下显红棕色。

根据显色之深浅，比色测定后可通过标准曲线求得血清中谷丙转氨酶活力。反应式如下：

$$\underset{\text{丙氨酸}}{\begin{array}{c}CH_3\\|\\CHNH_2\\|\\COOH\end{array}} + \underset{\alpha\text{-酮戊二酸}}{\begin{array}{c}COOH\\|\\(CH_2)_2\\|\\C=O\\|\\COOH\end{array}} \xrightleftharpoons{GPT} \underset{\text{丙酮酸}}{\begin{array}{c}CH_3\\|\\C=O\\|\\COOH\end{array}} + \underset{\text{谷氨酸}}{\begin{array}{c}COOH\\|\\(CH_2)_2\\|\\CHNH_2\\|\\COOH\end{array}}$$

$$\underset{\text{丙酮酸}}{\begin{array}{c}CH_3\\|\\C=O\\|\\COOH\end{array}} + \underset{\text{2,4-二硝基苯肼}}{H_2N-NH-\!\!\!\bigcirc\!\!\!-NO_2 \text{（}O_2N\text{）}} \xrightarrow[-H_2O]{NaOH} \underset{\text{2,4-二硝基苯腙（红棕色）}}{\begin{array}{c}CH_3\\|\\C=N-NH-\!\!\!\bigcirc\!\!\!-NO_2\\|\\COOH\end{array}}$$

操作步骤

1. 取干净的试管 2 支按表 12-1 操作。

实验十二 血清谷丙转氨酶（GPT）测定（赖氏法）

表 12-1 赖氏法测定 GPT 　　　　　　　　　　　　　　　　　　　　　　　单位：ml

试剂	试管编号	
	测定管	对照管
血清	0.1	0.1
GPT 底物液	0.5	—
	混匀，置 37℃水浴，保温 30 min	
2,4- 二硝基苯肼	0.5	0.5
GPT 底物液	—	0.5
	混匀，置 37℃水浴，保温 20 min	
0.4 mol/L NaOH	5.0	5.0

将上述 2 管混匀，10 min 后，用 505 nm 波长进行比色，以蒸馏水调零，读取各管吸光度值，用测定管吸光度值减去对照管吸光度值，查标准曲线得 GPT 活力单位。

2. 标准曲线配制　见表 12-2。

表 12-2　血清 GPT 测定（赖氏法）标准曲线配制　　　　　　　　　　　　单位：ml

试剂	试管编号					
	空白	1	2	3	4	5
丙酮酸标准液（2 μmol/L）	0	0.05	0.10	0.15	0.20	0.25
GPT 底物液	0.50	0.45	0.40	0.35	0.30	0.25
	混匀，置 37℃水浴，保温 20 min					
2,4- 二硝基苯肼	0.50	0.50	0.50	0.50	0.50	0.50
	混匀，置 37℃水浴，保温 20 min					
0.4 mol/L NaOH	5.0	5.0	5.0	5.0	5.0	5.0
相当 GPT 卡门单位	0	28	57	97	150	200

混匀，10 min 后，用 505 nm 波长进行比色，以蒸馏水调零，读取各管吸光度值。

3. 标准曲线绘制　将各管之吸光度值减去空白管吸光度值后，以吸光度为纵坐标，各管相应的氨基转移酶卡门单位为横坐标，绘制成标准曲线（图 12-1）。

临床意义

正常时，谷丙转氨酶主要存在于各组织细胞中（以肝细胞中含量最多，心肌细胞中含量也较多），只有极少量释放入血液中，所以血清中此酶活力很低。当这些组织病变细胞坏死或通透性增加时，细胞内的酶即可大量释放入血液中，使血清中该酶的活力显著增高，所以在各种肝炎急性期、药物中毒性肝细胞坏死等疾病时，血清谷丙转氨酶活力明显增高；肝癌、肝硬化、慢性肝炎、心肌梗死等疾病时，血清谷丙转氨酶

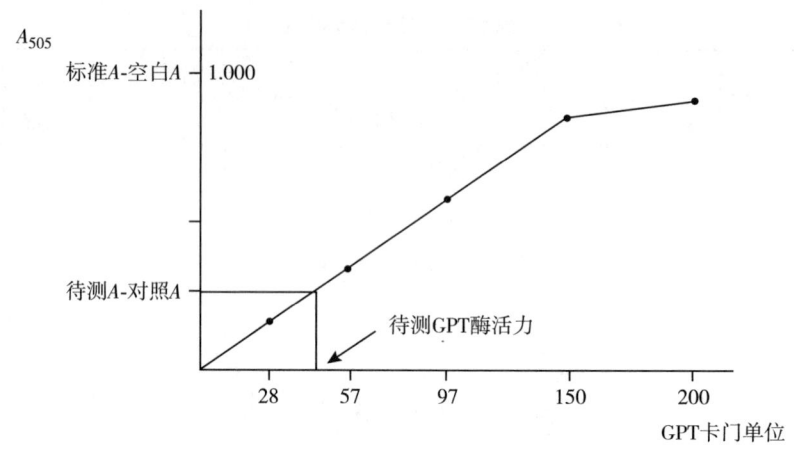

图 12-1　赖氏法标准曲线

活力中等度增高；阻塞性黄疸、胆管炎等疾病时，此酶活力仅轻度增高。

注意事项

1. 赖氏法的酶活力单位是用卡门法所测出的酶活力单位，相当于用本法所生成的丙酮酸量的相关系数套用卡门单位而来。卡门单位的定义是：在规定条件下（血清 1 ml，反应液总量 3 ml，在 25℃下作用 1 min，用内径 1 cm 的比色杯），测定 340 nm 波长处吸光度减少值（ΔA），每减少 0.001 为一个酶活力单位。赖氏对大量血清标本同时用分光光度法和本法（比色法）作血清转氨酶活力的对比，将所得结果在坐标纸上作图，以分光光度法得出的卡门单位数为横坐标，以本法得出的吸光度值为纵坐标，绘成标准曲线。根据这条标准曲线即可将未知血清标本在本法中测得的吸光度值转化为相应的卡门单位数。由于同一比色液用不同比色计测定得到吸光度值不一定相同。赖氏又将其比色计上的吸光度值转化为产生该吸光度值的酮酸量（表 12-2），从而得出卡门单位与酮酸量之间的关系。

2. 不同的血清对照管吸光度基本相同。因此，同一批标本只做 2~3 个血清对照管求其平均值即可。亦可以空白管代替对照管。但脂血、溶血和黄疸血清应单独做对照管。

3. 测定结果超过 200 卡门单位时是应将血清稀释后再进行测定，结果乘以稀释倍数。

4. 酶测定中温度、时间对酶的活力影响很大，故应控制好测定时的温度（要求准确到 37℃±0.5℃），并准确掌握保温时间。

5. 配制底物液时，如改用 L 型丙氨酸则应按上法减半量使用（因 ALT 只作用于 L 型丙氨酸）。

6. 丙酮酸钠的纯度对曲线有明显影响。纯度低，曲线斜率就低，使查得的酶活力单位显著增加。故应选择外观洁白、干燥的丙酮酸钠使用，如发现丙酮酸钠颜色变黄或潮解，切不可再用。

7. 酮酸的显色受温度影响，温度低，显色后的颜色浅；温度高，对照管比测定管颜色增高显著，非平行上升，所以可使测定结果降低。故应于季节变化时以及底物成份之批号更换时重新制作标准曲线。

8. 0.4 mol/L 氢氧化钠溶液与 2,4- 二硝基苯肼溶液的配制也要准确，否则影响显色深度。

9. 由于 α- 酮戊二酸也能与 2,4- 二硝基苯肼作用生成苯肼而显色，为了减少其对丙酮酸测定的干扰作用，底物中 α- 酮戊二酸的浓度很低，不能保证酶反应的充分进行；且 2,4- 二硝基苯肼的浓度也较低，因此标准曲线不呈直线，随着酶活力的增大，曲线的斜度逐渐趋于平坦，测定结果的准确性也相应减小，此为这类比色法的缺点。一般来说，测定温度为 37℃ 时，150 卡门单位内标准曲线可呈线性，200 左右或以上卡门单位曲线开始平坦。

实验器材和试剂

1. 器材　电热恒温水浴、分光光度计、微量移液器、试管等。

2. 试剂

（1）0.1 mol/L pH 为 7.4 磷酸盐缓冲液：称取磷酸氢二钠（Na_2HPO_4，A.R）11.928 g，磷酸二氢钾（KH_2PO_4，A.R）2.176 g，加少量蒸馏水溶解并稀释到 1000 ml。

（2）谷丙转氨酶（GPT）底物液：称取丙氨酸 1.79 g，α- 酮戊二酸（A.R）29.2 mg 于烧瓶中，加入 0.1 mol/L pH 为 7.4 磷酸盐缓冲液 80 ml，煮沸溶解后待冷，用 0.1 mol/L 氢氧化钠溶液调节 pH 至 7.4（约加入 0.5ml），再用 0.1 mol/L pH 为 7.4 磷酸盐缓冲液稀释到 100 ml，混匀，加氯仿数滴，置冰箱中可保存数周。

（3）1 mmol/L 2,4- 二硝基苯肼溶液：称取 2,4- 二硝基苯肼（A.R）19.8 mg，用 10 mol/L 盐酸 10 ml 溶解后，加蒸馏水至 100 ml 置于棕色瓶内，冰箱保存。

（4）0.4 mol/L 氢氧化钠溶液。

（5）2 mmol/L 丙酮酸标准液：精确称取纯丙酮酸钠（A.R）22.0 mg 于 100 ml 容量瓶中加 0.1 mol/L pH 为 7.4 磷酸盐缓冲液至刻度。此液应新鲜配制，不能久放。

思考题

1. 氨基转移酶的作用是什么？
2. 赖氏法测定 GPT 活性的优点有哪些？

（宇　丽　贾红玲）

实验十三

血糖浓度测定

实验目的

1. 了解血糖检测的各种方法和原理。
2. 掌握血糖浓度测定的临床意义。

一、葡萄糖氧化酶法测定血糖浓度

实验原理

葡萄糖氧化酶（GOD）可以将葡萄糖氧化成葡萄糖酸，同时释放过氧化氢。过氧化氢在过氧化物酶（POD）催化下生成水和氧，氧能够使4-氨基安替比林和酚氧化缩合成红色的醌类化合物（图13-1）。其颜色的深浅与葡萄糖的含量成正比。利用分光光度计在505 nm波长处测定其吸光度值，并与葡萄糖标准物比较，即可计算出血清葡萄糖浓度。

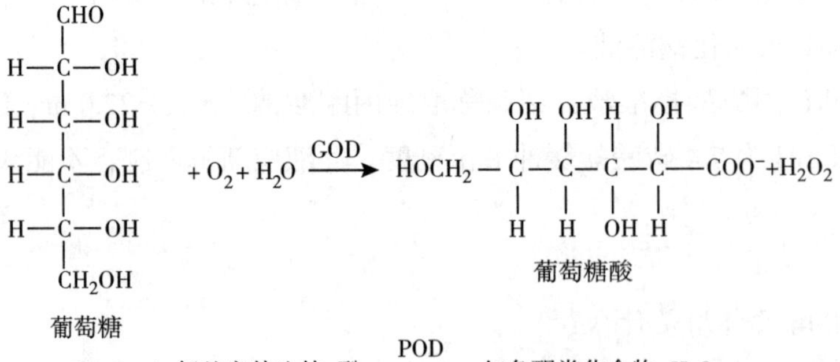

$$2H_2O_2 + 4\text{-氨基安替比林} + \text{酚} \xrightarrow{POD} \text{红色醌类化合物} + H_2O$$

图13-1 葡萄糖氧化酶法化学反应

操作步骤

1. 准备测试（T）、标准（S）和空白（B）3支干净的试管。添加试剂见表13-1。

表 13-1　GOD 法测定血糖浓度　　　　　　　　　　　　　　　　　　　　　单位：ml

试剂	试管编号		
	空白	标准	测试
血清	—	—	0.02
葡萄糖标准品	—	0.02	—
酶 - 酚混合液	3.0	3.0	3.0

2. 混合均匀，37℃孵育 20 min，取出试管冷却到室温。

3. 以空白管为对照，在 505 nm 波长处读取每个试管的吸光度 A。

计算

将吸光度值带入以下公式计算血糖浓度：

$$血糖浓度（mg/dl）= \frac{A_T}{A_S} \times 100$$

临床意义

血糖正常值：70～120 mg/dl，>120 mg/dl 称为高血糖症，>160 mg/dl 时，可出现糖尿。甲状腺功能亢进、腺垂体功能亢进、肾上腺皮质和髓质功能亢进、糖尿病等，均可出现高血糖和糖尿。血糖低于 70 mg/dl 称为低血糖，多见于胰岛素分泌过多、肾上腺皮质功能减退、腺垂体功能减退和甲状腺功能减退等。

实验器材和试剂

1. 器材　微量移液器、电热恒温水浴、分光光度计、试管等。

2. 试剂

（1）酶试剂：1000 U 葡萄糖氧化酶，1000 U 过氧化氢酶，10 mg 4- 氨基安替吡啉，10 mg 叠氮钠，加入磷酸盐缓冲液中，蒸馏水溶解定容至 100 ml。

（2）酚溶液：100 mg 蒸馏酚溶于蒸馏水 100 ml 中（0.1%），棕色瓶储存。使用时与酶试剂 1∶1 混合即为酶 - 酚混合液。

（3）标准葡萄糖溶液：1 mg/ml。

思考题

1. 操作中哪些因素可能影响实验结果？

2. 为什么比色时选用的波长是 505 nm？

二、邻甲苯胺法测定血糖浓度

实验原理

当血浆（血清）葡萄糖和冰醋酸、邻甲苯胺共热时，葡萄糖首先脱水并形成 5-羟甲基-2-糠醛，然后与邻甲苯胺反应产生蓝色的醛亚胺（希夫氏碱），产物颜色的深浅与葡萄糖的量成正比（图 13-2）。在 630 nm 波长处以分光光度计进行比色测定，通过与葡萄糖标准品进行比较，可以计算血清葡萄糖的浓度。此方法中血清（血浆）中的蛋白质可溶于冰醋酸，不会形成浑浊而影响比色。

此法测得正常空腹血中葡萄糖值为：70～100 mg/dl。

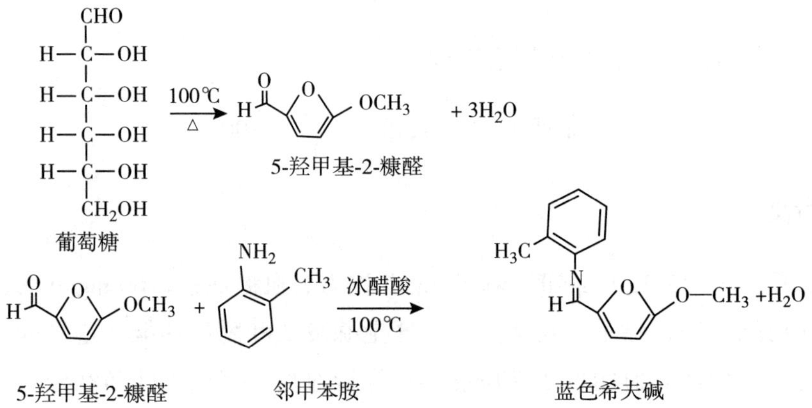

图 13-2 邻甲苯胺法化学反应

操作步骤

1. 准备 3 支干净的试管作为测试（T）、标准（S）、空白（B），添加试剂见表 13-2。

表 13-2 邻甲苯胺法测血糖浓度　　　　　　　　　　　　单位：ml

试剂	试管编号		
	空白管	标准管	测试管
血清（或血浆、脑脊液等）	—	—	0.1
葡萄糖标准品	—	0.1	—
邻甲苯胺试剂	5.0	5.0	5.0

2. 均匀混合各管，在 100℃ 下水浴 15 min，取出，冷水中冷却。

3. 读取每管在 630 nm 波长处的吸光度，使用 "B" 管作为空白对照调零点。

计算

将吸光度值带入以下公式计算血糖浓度：

$$血糖浓度（mg/dl）= \frac{A_T}{A_S} \times 100$$

本法只有醛糖起反应（酮糖不起反应），测定的是"真正的糖"。故测定值较 Folin-吴氏法为低。

实验器材和试剂

1. 器材　微量移液器、电热恒温水浴、分光光度计、试管等。
2. 试剂

（1）邻甲苯胺试剂：称取硫脲（A.R）2.5 g，溶于冰醋酸（A.R）750 ml 中。将此溶液移入 1000 ml 容量瓶内，加邻甲苯胺 150 ml 及 2.4%硼酸溶液 100 ml，加冰醋酸至刻度。置棕色瓶中可保存 2 个月。

（2）葡萄糖标准溶液：储存液 10 mg/ml，准确称取干燥纯葡萄糖 1000 mg，用 0.25%苯甲酸溶解，倒入 100 ml 容量瓶中，加入 0.25%苯甲酸稀释至刻度。此溶液可在冰箱中久藏。取 10 ml 加入 100 ml 容量瓶中，用 0.25%苯甲酸稀释至刻度，此即葡萄糖标准应用液（1 mg/ml）。根据应用的需量，浓度可再稀释。

思考题

本实验操作过程中哪些因素可能影响实验结果？

（张嘉晴）

三、Folin-吴氏法血糖的测定

实验原理

无蛋白血滤液中的葡萄糖，在碱性溶液中与硫酸铜共热，蓝色的二价铜 Cu^{2+} 即可还原成砖红色的氧化亚铜（Cu^+）沉淀，氧化亚铜再使磷钼酸还原成钼蓝，与同样处理的标准葡萄糖比色，可求出血中葡萄糖的含量。反应式如下：

$$Na_2CO_3 + H_2O \longrightarrow NaOH + NaHCO_3$$

$$2NaOH + CuSO_4 \longrightarrow Cu(OH)_2 + Na_2SO_4$$

$$2Cu(OH)_2 + \underset{葡萄糖}{C_6H_{12}O_6} \longrightarrow Cu_2O + \underset{葡萄糖酸}{C_5H_{11}O_5COOH} + 2H_2O$$

$$3Cu_2O + H_3PO_4 \cdot 12MoO_3 \cdot 3H_2O \longrightarrow H_3PO_4 \cdot 3Mo_4O_{10}(OH)_2 + 6CuO$$
磷钼酸　　　　　　　　　　　钼蓝

操作步骤

1. 无蛋白血滤液的制备：取干净试管 1 支，准确加入蒸馏水 3.5 ml，血液 0.1 ml，1/3 mol/L H_2SO_4 0.2 ml，10% Na_2WO_4 0.2 ml，混匀。待有澄清液出现后，过滤，收集血滤液备用（或离心分离上清备用）。

2. 取干净的试管 3 支，编号，按表 13-3 操作。

表 13-3　Folin- 吴氏法血糖的测定　　　　　　　　　　　　　　　　　单位：ml

试剂	试管编号		
	标准管	测定管	空白管
标准葡萄糖液	2.0	—	—
无蛋白血滤液	—	2.0	—
蒸馏水	—	—	2.0
碱性铜试剂	2.0	2.0	2.0
充分摇匀，置沸水浴中准确加热 8 min，取出，切勿摇动，置冷水浴中冷却			
磷钼酸试剂	2.0	2.0	2.0
混匀，放置 3 min			
蒸馏水	3.0	3.0	3.0

3. 将各管颠倒混匀，以驱除溶液中气体，选 620 nm 波长，以空白管调校零点，进行比色计算。

计算

$$血糖（mg\%）= A_{测定}/A_{标准} \times 0.05 \times 4/2 \times 100/0.1 = A_{测定}/A_{标准} \times 100$$

注意事项

1. 本法所测得的血糖并不完全是真正的葡萄糖，因滤液中尚有其他还原物质的干扰（约 10%），故结果偏高。

2. 血糖测定应在取血后 2 h 内完成，放置过久，糖被分解，致使含量减低。

3. 磷钼酸试剂宜储存于棕色瓶中。如出现蓝色，表明试剂本身已被还原，不能再用。

4. 碱性铜试剂中有氧化亚铜沉淀也不能用。取碱性铜试剂 1 ml，加磷钼酸试剂

1 ml，如蓝色消失，表明此试剂无氧化亚铜，可用。

实验器材和试剂

1. 器材　微量移液器、电热恒温水浴、分光光度计、试管等。
2. 试剂

（1）碱性铜试剂：称取无水 Na_2CO_3 40 g，溶于 100 ml 蒸馏水中，溶后加酒石酸 7.5 g，若不溶解，可稍加热。冷却后移入 100 ml 容量瓶中。另取纯结晶 $CuSO_4$ 4.5 g 溶于 200 ml 蒸馏水中，溶后再将此液倒入上述容量瓶内。加蒸馏水至 1000 ml，摇匀，放置备用。

（2）磷钼酸试剂：取纯钼酸 70 g，溶于 10% NaOH 400 ml 中。其中再加 Na_2WO_4 10 g，加蒸馏水至总体积约为 800 ml，加热煮沸 30~40 min，以除去钼酸中可能存在的 NH_3，冷却后，加 35% H_3PO_4 25 ml，加蒸馏水稀释到 1000 ml 刻度，摇匀，贮于棕色瓶保存。

（3）标准葡萄糖液

储存液（1.0 ml ≈ 10 mg 葡萄糖）：准确称取纯的葡萄糖 1 g，用 0.05% 苯甲酸液溶解后倒入 100 ml 容量瓶中，最后加 0.25% 苯甲酸至刻度，摇匀。放置冰箱中保存。

应用液（1.0 ml ≈ 0.025 mg 葡萄糖）：准确吸取上述储存液 0.5 ml，移入 200 ml 容量瓶中加 0.25% 苯甲酸液至刻度。

（4）0.25% 苯甲酸液：称取苯甲酸 2.5 g 加入煮沸的蒸馏水 100 ml 中，使成饱和溶液。冷却后，取上清液备用。

（5）10% Na_2WO_4。

（6）1/3 mol/L H_2SO_4。

（李恩民　唐权东）

实验十四
胰岛素和肾上腺素对血糖浓度的影响

实验目的

1. 了解掌握胰岛素和肾上腺素对血糖浓度的影响及其临床意义。
2. 掌握动物实验的基本操作。

实验原理

胰岛素是机体内唯一降低血糖的激素，同时也能促进糖原、脂肪和蛋白质合成，抑制肝糖原分解生成葡萄糖。因此，胰岛素的主要生理作用是促进葡萄糖分解利用，抑制糖异生，同时将多余的血糖转变为糖原（储存于肝和肌肉）和三酰甘油（储存于脂肪组织），从而控制血糖水平不至于过高。肾上腺素的作用则相反，能加速肝糖原的分解抑制糖原合成，使糖原转化成葡萄糖而使血糖升高。

本实验以兔为实验对象，测定注射胰岛素和肾上腺素前后的兔血糖浓度变化，从而了解激素对血糖浓度的影响。本实验采用葡萄糖氧化酶法测定血糖浓度，此方法原理见实验十三。

操作步骤

1. 将实验动物两只兔禁食 12 h（过夜无进食），并称重（选体重尽量接近的兔）。
2. 从每只实验兔的耳缘静脉取出 1~2 ml 血液，并快速转移到含有足够抗凝剂的抗凝管中，轻轻旋转，以充分和抗凝剂混匀防止血液凝固。
3. 分别给两只实验兔进行腹腔皮下注射胰岛素和肾上腺素：胰岛素注射液以 1.5 U/kg 注射，肾上腺素注射液以 0.4 mg/kg 注射。
4. 注射后取血　从耳缘静脉抽取血液样本 1~2 ml（如有必要，可从心脏中抽取血液样本）。胰岛素注射兔 40 min 后取血，肾上腺素注射兔 30 min 后取血。
5. 取血后可给实验兔静脉注射 10 ml 10% 葡萄糖溶液，用以缓解可能诱发的低血糖；也可以通过胃管或腹膜内注射葡萄糖溶液。
6. 制备血浆：将上述抗凝血全血（胰岛素前、后，肾上腺素前、后）3000 r/min 离心 5 min，收集上清血浆。

7. 用葡萄糖氧化酶法测定血糖浓度，按表 14-1 操作。

表 14-1 激素对血糖浓度的影响　　　　　　　　　　单位：ml（μl）

试剂	试管编号					
	胰岛素注射前	胰岛素注射后	肾上腺素注射前	肾上腺素注射后	标准管	空白管
血浆（μl）	0.02	0.02	0.02	0.02	—	—
葡萄糖标准液（μl）	—	—	—	—	0.02	—
磷酸缓冲液（μl）	—	—	—	—	—	0.02
酶-酚混合试剂（ml）	3.0	3.0	3.0	3.0	3.0	3.0

均匀混合各管，在 37℃下水浴 15 min，冷却后读取每管在 505 nm 波长处的吸光度值，使用空白管对照调零。

计算

按以下公式计算各管血糖浓度：

$$血糖浓度（mg/dl）= \frac{A_T}{A_S} \times 100$$

实验器材和试剂

1. 器材　微量移液器、电热恒温水浴、分光光度计、试管、注射器、离心管等。

2. 试剂

（1）酶试剂：1000 U 葡萄糖氧化酶，1000 U 过氧化氢酶，10 mg 4-氨基安替吡啉，10 mg 叠氮钠，加入磷酸盐缓冲液中，溶解定容至 100 ml。

（2）酚溶液：100 mg 蒸馏酚溶于蒸馏水 100 ml 中（0.1%），棕色瓶储存。使用时与酶试剂 1∶1 混合即为酶-酚混合液。

（3）10% 葡萄糖。

（4）胰岛素。

（5）肾上腺素。

思考题

1. 本实验操作过程中哪些因素可能影响实验结果？
2. 当胰岛素缺乏或胰腺功能异常时，为什么血糖会升高？

（张嘉晴　吴颜晖）

实验十五
饱食和饥饿对小鼠肝糖原含量的影响

实验目的

1. 掌握糖原测定的原理及方法。
2. 熟练小鼠解剖取肝的操作。

实验原理

肝对调节血糖浓度起着至关重要的作用。当血糖浓度升高时，肝可从血液中摄取葡萄糖合成糖原以降低血糖水平；当血糖浓度下降时，肝可分解糖原为葡萄糖并释放到血液中。在禁食期间，当血糖浓度下降时，肝则通过糖原分解和糖异生向血液提供葡萄糖；当血糖浓度升高时，肝糖原分解会立即受到抑制，并以肝糖原的形式储存在肝中。

肝糖原是一种高分子聚己糖。纯糖原易溶于水，形成乳白色溶液，与碘反应呈红棕色；其颜色深浅与肝糖原含量成正比。利用5%三氯乙酸沉淀蛋白质后，可从肝中提取肝糖原，肝糖原与碘作用生成红棕色的化合物，在520 nm波长下用分光光度计比色，计算可测定其含量。

操作步骤

1. 准备实验小鼠　两组体重相同的健康小鼠分成两组：一组喂水和食物，另一组只给饮水，实验前必须保证禁食6 h以上。
2. 获得小鼠糖原提取液

（1）取出小鼠前，确定小鼠是饱食组或饥饿组。

（2）将小鼠放置在实验台上，用颈椎脱臼法快速处死小鼠，并用外科手术剪迅速打开小鼠腹腔，剪开腹膜，暴露肝。准确称取肝约0.2 g（记录下准确的重量），放入10 ml的小烧杯中，迅速剪成小块，尽快用5 ml 5%三氯乙酸研磨成匀浆，并转移到离心管中。另准备5 ml 5%三氯乙酸清洗匀浆头，5 ml清洗液与5 ml匀浆液收集在同一个离心管中，终体积是10 ml。

（3）静置 3 min，2000 r/min 离心 10 min，保留上清液（含有肝糖原）准备下列测定。

3. 糖原测定：准备 4 支试管，按表 15-1 分别添加试剂。

表 15-1　小鼠肝糖原含量测定　　　　　　　　　　　　　　　　单位：ml

试剂	试管编号			
	1 空白	2 标准	3 饱食小鼠	4 饥饿小鼠
5%三氯乙酸	2.0	1.0	1.0	1.0
标准糖原（0.3 mg/ml）	—	1.0	—	—
饱食小鼠肝糖原提取液	—	—	1.0	—
饥饿小鼠肝糖原提取液	—	—	—	1.0
NaCl-I_2 试剂	3.0	3.0	3.0	3.0

均匀混合各管，静置 10 min。以空白管调零，在 520 nm 波长处读取吸光度值。

计算

$$饱食小鼠肝糖原含量（g\%）= \frac{A_{饱}}{A_{标}} \times 0.3 \times \frac{1}{1000} \times \frac{10+0.2}{1.0} \times \frac{100}{0.2}$$

$$饥饿小鼠肝糖原含量（g\%）= \frac{A_{饥}}{A_{标}} \times 0.3 \times \frac{1}{1000} \times \frac{10+0.2}{1.0} \times \frac{100}{0.2}$$

注意事项

1. 分离肝组织的操作步骤一定要快速。避免长时间操作而导致糖原分解。从处死动物到取肝，再到匀浆的时间，最好控制在 15 min。因为糖原从体内取出时分解很快。

2. 如果肝组织未充分匀浆，可能会使肝糖原的提取不完全，这将对结果产生影响。

3. 请观察饱食与饥饿小鼠肝的颜色是否有区别。

实验器材和试剂

1. 器材　微量移液器、匀浆器、离心机、分光光度计、试管、手术剪、滤纸、小烧杯等。

2. 试剂

（1）5%三氯乙酸：将 50 g 三氯乙酸溶于 1000 ml 蒸馏水中。

（2）NaCl-I_2 试剂

A：将 1 g 碘和 2 g KI 溶于 20 ml 蒸馏水中。

B：19.6%（*W/V*）NaCl 溶液：将 196 g NaCl 溶于 1000 ml 蒸馏水中。

C：16.5 ml 溶液 A 溶解于 990 ml 溶液 B 中，搅拌均匀，棕色瓶保存。

（3）标准糖原溶液（0.3 mg/ml）：将纯度为 100% 的 30 mg 标准糖原溶解于 100 ml 5% 三氯乙酸中。存放在冰箱备用。

思考题

1. 本实验操作过程中哪些因素可能影响实验结果？
2. 机体是如何通过调控机制维持血糖水平稳定的？

（张嘉晴）

实验十六
血清总胆固醇和HDL胆固醇含量的测定

实验目的

1. 掌握血清胆固醇的测定方法及原理。
2. 了解血清 HDL 胆固醇的临床意义。

实验原理

血清中的胆固醇有两种存在形式：游离胆固醇（30%）和胆固醇酯（70%）。血清胆固醇酯在胆固醇酯酶作用下，可水解为游离胆固醇和脂肪酸，游离胆固醇经胆固醇氧化酶作用氧化为胆固醇-4-烯-3-酮和 H_2O_2，后者再与4-氨基安替吡啉和苯酚在过氧化物酶的作用下，反应生成红色的醌亚胺，即特林德（Trinder）反应。醌亚胺的颜色深浅与胆固醇的含量成比例，并在 520 nm 波长处有最大吸收峰，通过与胆固醇标准品比较，可测定血清总胆固醇含量，反应式如下：

$$\text{胆固醇酯} \xrightarrow{\text{胆固醇酯酶}} \text{胆固醇} + \text{脂肪酸}$$

$$\text{胆固醇} + O_2 \xrightarrow{\text{胆固醇酯氧化酶}} \text{胆固醇-4-烯-3-酮} + H_2O_2$$

$$H_2O_2 + 4\text{-氨基安替吡啉} + \text{苯酚} \xrightarrow{\text{过氧化物酶}} \text{醌亚胺（红色）}$$

低密度脂蛋白（LDL）和极低密度脂蛋白（VLDL）在血清中被磷钨酸镁试剂沉淀。血清离心之后，高密度脂蛋白（HDL）则留在上清液中。因此，高密度脂蛋白胆固醇与其他血清脂蛋白得到分离，可以如上测定 HDL 中的胆固醇含量。

操作步骤

1. 取 2 支干净试管，分别标记为"H"和"SH"：H 试管中加入 0.2 ml 血清和 0.2 ml 沉淀剂，"SH" 试管中加入 0.2 ml 标准胆固醇溶液和 0.2 ml 沉淀剂，混匀，室温静置 15 min，2500 r/min 离心 10 min，转移上清液到另外的干净试管中备用。

2. 另取 5 支干净试管，分做以下标记："总胆固醇（T）""高密度脂蛋白胆固醇（H）""标准总胆固醇（ST）""标准高密度脂蛋白胆固醇（SH）""空白（B）"，按照表 16-1 加入试剂。

表 16-1　血清总胆固醇和 HDL 胆固醇含量的测定　　　　　　　　　单位：ml

试管	试管编号				
	T	H	ST	SH	B
上清液（H 或 SH）	—	0.2	—	0.2	—
血清	0.02	—	—	—	—
胆固醇标准液	—	—	0.1	—	—
蒸馏水	0.18	—	0.1	—	0.2
酶试剂	2.0	2.0	2.0	2.0	2.0

3. 各管混匀，于 37℃水浴 20 min，以空白管调"0"，在 520 nm 波长下比色，读取各管吸光度值（A）。

计算

$$血清总胆醇（mg/dl）= \frac{A_T}{A_{ST}} \times \frac{0.1}{0.02} \times 50$$

$$高密度脂蛋白胆醇（mg/dl）= \frac{A_H}{A_{SH}} \times 50$$

注意事项

1. 本法大多采用市售试剂盒操作，试剂中尚有胆酸钠为胆固醇酯酶激活剂，Triton-X-100 为表面活性剂，可促进脂蛋白释放出胆固醇酯。试剂要求为分析纯。

2. 血清中胆红素过高可还原一部分反应中的 H_2O_2，从而使结果偏低。

3. 轻度溶血对结果无影响，明显溶血可导致结果增高。

正常范围及临床意义

血清总胆固醇的正常范围为 140～230 mg/dl，血清高密度脂蛋白胆固醇的正常范围为 40～65 mg/dl。在一些疾病中，如严重糖尿病、胆道梗阻等，血清总胆固醇水平可能高于 230 mg/dl；而贫血、甲状腺功能亢进、营养不良和恶病质等其水平可能降低。

低水平的 HDL 胆固醇被认为是动脉粥样硬化的一个重要危险因素，血清 HDL 胆固醇含量降低被认为是该疾病发生的预兆。另外，血清 HDL 胆固醇水平较高的冠心病患者可能预示着有更好的预后。

实验器材和试剂

1. 器材　离心机、刻度吸管、微量移液器、分光光度计、电热恒温水浴、试管等。
2. 试剂

（1）标准胆固醇（50 mg/dl）：称取 125 mg 胆固醇用异丙醇溶解定容至 250 ml。

（2）沉淀剂（磷钨酸镁溶液）：称取磷钨酸 1.1 g 和 $MgCl_2 \cdot 6H_2O$ 2.75 g 溶于水并定容至 250 ml。

（3）酶试剂：胆固醇氧化酶 0.3 ml（20 U/ml）；

　　　　　　胆固醇酯酶 80 mg（40 U/g）；

　　　　　　过氧化物酶 1 mg。

（4）血清。

思考题

1. 简述胆固醇的合成与代谢去路。
2. 测定血清胆固醇含量有何临床意义？

（蒋建伟）

实验十七
血清总胆固醇测定（醋酐-硫酸单一显色法）

实验目的

1. 掌握醋酐-硫酸单一显色法的方法和原理。
2. 了解血清总胆固醇测定的临床意义。

实验原理

醋酐能使胆固醇脱水生成脱水胆固醇，再与硫酸结合生成绿色化合物，其颜色深度与胆固醇含量成正比，与同样处理的胆固醇标准液比较可计算其含量。其反应式见图 17-1。

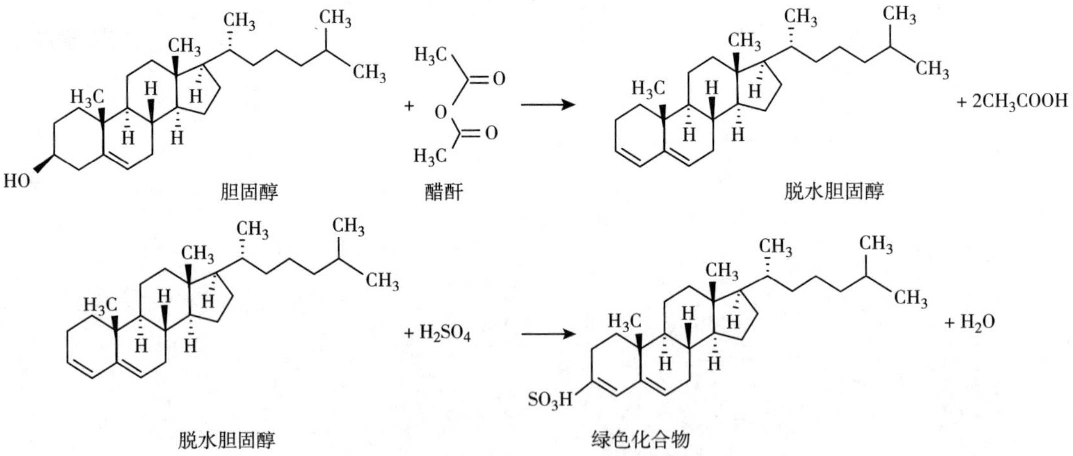

图 17-1 醋酐-硫酸单一显色法化学反应

在高胆固醇血症、糖尿病、肾病综合征、甲状腺功能减退等疾病中，总胆固醇可升高，总胆固醇是临床上一个重要的生化指标。

操作步骤

取干净干燥试管 2 支，分别标记"标准管"和"测定管"，按表 17-1 加入试剂。

实验十七 血清总胆固醇测定（醋酐－硫酸单一显色法）

表 17-1 血清总胆固醇测定　　　　　　　　　　　　　　　　单位：ml

试剂	试管编号	
	标准管	测定管
胆固醇标准液	0.1	—
血清	—	0.1
显色液	6	6

立即混匀，置于 37℃ 水浴保温 10 min，取出后，迅速以显色液作空白，选用 620 nm 波长进行比色，读取并记下吸光度值。

计算

$$血清总胆固醇（mg/L）= A_{测定}/A_{标准} \times 0.2 \times 100/0.1$$
$$= A_{测定}/A_{标准} \times 200$$

正常值：1100～2300 mg/L（2.82～5.95 mmol/L）

注意事项

1. 显色剂加入的速度要迅速，速度慢会出现混油，影响结果。
2. 显色后立即比色，避免强光使其颜色消退。
3. 水会影响反应进行，故要求器材干燥。

实验器材和试剂

1. 器材　电恒温水浴、分光光度计、微量移液器、试管等。
2. 试剂

（1）显色液：称取硫脲 1.5 g 溶于冰醋酸 350 ml 及醋酐 650 ml 配制而成的混合液中。此溶液可置冰箱内长期保存。使用时，取本液 100 ml，逐滴加入浓硫酸 10 ml，随加随摇，不使发热过高。冷却后，放置冰箱中备用，可保存半个月，溶液发黄后不能再用。

（2）标准胆固醇溶液（2.0 g/L）：精确称取干燥胆固醇 200.0 mg，用少量冰醋酸溶解，转移至 100 ml 容量瓶中，再加冰醋酸至刻度。

思考题

血清总胆固醇增高的临床意义是什么？

（宇　丽　贾红玲）

实验十八
水果和蔬菜中抗坏血酸的测定

实验目的

1. 掌握抗坏血酸测定的原理和方法。
2. 了解抗坏血酸的作用和测定的意义。

实验原理

抗坏血酸又称维生素 C，是不饱和多羟基化合物，属于水溶性维生素，广泛分布于水果、蔬菜中。在自然界中以两种形式存在，即还原型抗坏血酸和氧化型的脱氢抗坏血酸。还原型抗坏血酸主要来源于蔬菜和水果。

抗坏血酸易溶于水且具有很强的还原性，其在溶液中容易被氧化；在空气中也不稳定，遇碱、热和重金属离子等极易被氧化破坏。因此，常用盐酸、亚硫酸和草酸对抗坏血酸进行提取测定，后两种酸不仅能保持提取时的 pH，还能与重金属离子（例如 Cu^{2+}）形成络合物，从而稳定抗坏血酸，防止抗坏血酸被氧化。故使用不含氧化剂的稀酸溶液作为提取剂。

利用抗坏血酸的还原性可以测定抗坏血酸的含量。2,6-二氯酚靛酚法就是其中常用的测定方法。本实验用 2% 的草酸提取蔬菜或水果中的抗坏血酸。它能还原 2,6-二氯酚靛酚染料使其褪色。这种染料在酸性中呈红色，在碱性中呈蓝色，被还原后变成无色产物。用 2,6-二氯酚靛酚滴定含有抗坏血酸的酸性溶液时，初期 2,6-二氯酚靛酚快速被抗坏血酸还原成无色；随着抗坏血酸被氧化成脱氢抗坏血酸而耗尽，再滴入的 2,6-二氯酚靛酚立即使溶液出现红色。因此，溶液呈现红色时即为滴定终点，根据染料消耗量可以计算样品中还原型抗坏血酸的含量，滴定反应见图 18-1。

如果抗坏血酸提取物的颜色干扰终点的判断，则在滴定前用高岭土（kaolin）脱色处理后再滴定。

操作步骤

1. 用 10 ml 2% 草酸在研钵中研磨 10 g 白菜，用两层纱布过滤至一干净的 50 ml 容

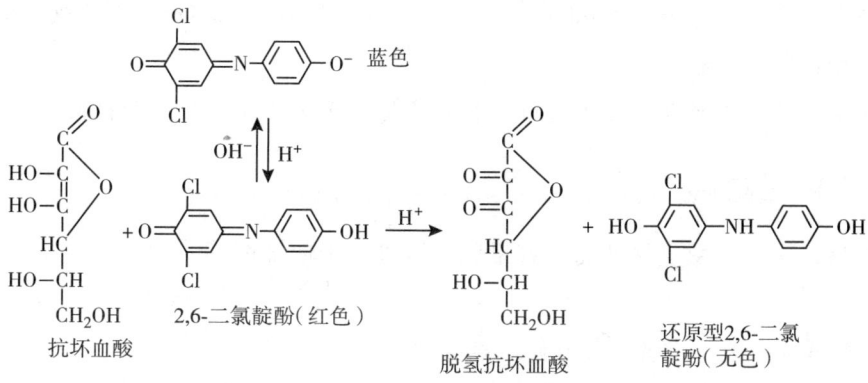

图 18-1　2,6-二氯靛酚滴定抗坏血酸

量瓶，同理，滤渣用约 10 ml 2% 草酸重复提取样品 2~3 次，过滤收集滤液到同一容量瓶，用 2% 草酸溶液定容至 50 ml。

2. 脱色　如果提取物颜色较深，这将影响滴定终点的判断。可将提取物倒入干燥的锥形烧瓶中，添加 2 g 高岭土，轻轻摇动 2 min 吸附色素脱色，过滤备用。

3. 标准液滴定　准确量取 0.1 mg/ml 标准抗坏血酸溶液 1 ml，加入到 100 ml 锥形瓶中，加入 9 ml 1% 草酸溶液，混匀后用微量滴定管以 0.1% 2,6- 二氯酚靛酚滴定至淡红色出现，并保持 20 s 不褪色，即表示到达滴定终点。同时取 10 ml 1% 草酸作为空白对照，滴定方法同上。由所用染料的体积计算出 1 ml 染料相当于多少毫克的抗坏血酸，该数值记作 K。

4. 样品滴定　将 10 ml 滤液放入锥形烧瓶中，用 0.1% 2,6- 二氯酚靛酚滴定，轻轻摇动，直到红色出现 20 s 不褪色为滴定终点。重复一次以上滴定操作，记录两次滴定的毫升数，取平均值，记作 V_1（ml）。另取 10 ml 1% 草酸作空白对照滴定，测得 2,6- 二氯酚靛酚所用体积记作 V_2（ml）。

计算

抗坏血酸含量（mg/100 g 样品）= $(V_1 - V_2) \times K \times (50 \div 10) \times (100 \div 10)$

注意事项

1. 尽量保证蔬菜（水果）的新鲜度。

2. 如果抗坏血酸提取液颜色较深，要先脱色再测定。

3. 某些水果、蔬菜浆状物泡沫太多，可加数滴丁醇或辛醇。样品提取液应避免阳光直射，否则会加速抗坏血酸的氧化。

4. 整个实验过程要迅速尽快完成，防止还原型抗坏血酸被氧化。滴定过程一般少于 2 min。

5. 滴定的染料不应小于 1 ml 或多于 4 ml，如果样品中抗坏血酸太高或太低，酌情增减样液用量或改变提取液稀释度。

6. 本实验必须在酸性条件下进行，在此条件下干扰物质反应进行很慢。

实验器材和试剂

1. 器材　研钵、微量移液器、容量瓶、滴管、锥形烧瓶等。

2. 试剂

（1）新鲜的白菜（或者其他新鲜的蔬菜水果）。

（2）1% 草酸：称取 1.4 g 草酸（$C_2H_2O_4 \cdot 2H_2O$），用蒸馏水溶解，定容至 100 ml，然后转至玻璃瓶中保存备用。

（3）2% 草酸：称取 2.8 g 草酸（$C_2H_2O_4 \cdot 2H_2O$），用蒸馏水溶解，定容至 100 ml，然后转至玻璃瓶中保存备用。

（4）高岭土粉。

（5）标准抗坏血酸溶液：称取 10 mg 抗坏血酸（应为洁白色，如发黄勿用）溶于 1% 草酸溶液中，定容至 100 ml，然后转至棕色瓶中，冷藏备用。最好使用前现配。

（6）0.1% 2,6-二氯酚靛酚：称取 52 mg 碳酸氢钠，溶于 200 ml 热水中，然后称取 250 mg 2,6-二氯酚靛酚加入，搅拌均匀形成均一溶液，待冷却后加蒸馏水稀释定容至 250 ml，然后转至棕色瓶中保存备用。4℃下可保存 1 周，临用时须用标准抗坏血酸溶液标定。

思考题

1. 该方法测定抗坏血酸的不足之处是什么？
2. 判断滴定终点时，为什么要求 20 s 不褪色？
3. 为什么用 2% 草酸溶液提取抗坏血酸？
4. 测定食品中抗坏血酸的含量时受哪些因素的影响？

（陈万群　蒋建伟）

实验十九

电 泳

实验目的

1. 掌握各种不同支持介质电泳的原理和技术。
2. 了解各种不同电泳方法的优缺点和适用检测对象。
3. 了解各电泳检测方法的临床意义。

一、血清蛋白醋酸纤维素薄膜电泳

实验原理

血清中有多种蛋白质,绝大部分蛋白质的等电点为 pH 5.0~7.0。在 pH 8.6 的巴比妥缓冲液中,血清蛋白质分子全部带负电荷,在直流电场中向正极移动。蛋白质分子泳动的速度与蛋白质颗粒所带电荷成正比,与蛋白质颗粒大小成反比,越接近球状的蛋白质阻力越小,速度更快。由于在电荷、分子量和形状上的差异,它们可以通过醋酸纤维素薄膜电泳分离成 5 条带。这 5 条带由远及近分别是清蛋白、α_1 球蛋白、α_2 球蛋白、β 球蛋白和 γ 球蛋白。其分子量大小、等电点和电泳迁移率见表 19-1。

表 19-1 人血浆中蛋白质的等电点、分子量和迁移率

蛋白质	等电点	分子量	迁移率 $[cm^2/(s \cdot V)]$
清蛋白	4.88	69 000	-5.9×10^{-5}
α_1 球蛋白	5.06	200 000	-5.1×10^{-5}
α_2 球蛋白	5.06	300 000	-4.1×10^{-5}
β 球蛋白	5.12	9000~15 000	-2.8×10^{-5}
γ 球蛋白	6.85~7.50	156 000~300 000	-1.0×10^{-5}
纤维蛋白原	5.40	339 000	-2.1×10^{-5}

本实验采用醋酸纤维薄膜作为电泳支持物。因其对蛋白质样品吸附少而无"拖尾"现象,分辨率高,染色后背景区域容易脱色等优点,是理想的血清蛋白电泳载体。

将样品点在醋酸纤维素薄膜的点样线上，电泳相同的时间，不同的蛋白质颗粒移动的距离不同，薄膜条上的血清蛋白质被分离成以上 5 种不同的条带。通过氨基黑 10B 染色蛋白区带、洗脱背景染料后，可以进行扫描定量分析；也可以将不同蛋白区带分别剪下后，用氢氧化钠将结合蛋白质的染料洗脱，再进行比色分析。通过计算能求出各区带所含蛋白质占血清总蛋白的百分比，并可计算血清中清蛋白/球蛋白的比值，正常值为 1.5~2.5。醋酸纤维素膜电泳通常是水平电泳，如图 19-1 所示。

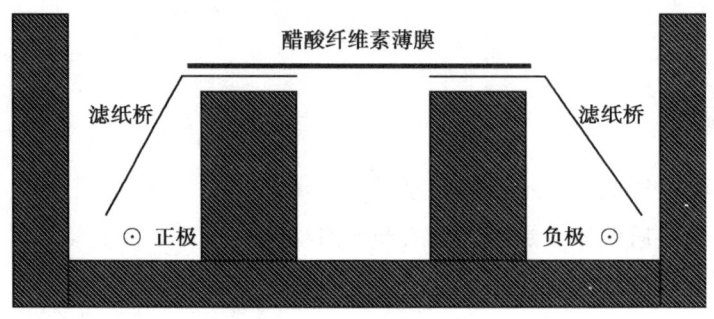

图 19-1　醋酸纤维素薄膜电泳装置示意图

操作步骤

1. 醋酸纤维素薄膜预处理　将 15 cm×8 cm 的薄膜裁剪成 2.5 cm×8 cm 的薄膜条。薄膜条浸泡在 pH 8.6 的巴比妥缓冲液中 30 min。

2. 画线　取出薄膜条，用滤纸吸去多余的缓冲液，对光辨认薄膜的光滑面与粗糙面，用铅笔在粗糙面离薄膜一端 1.5 cm 处画线做标记，即为点样线。在薄膜另一端写上 +，标记电泳正极；并在薄膜末端标记好方便识别的姓名或符号（图 19-2）。

3. 点样　取血清一滴，滴在载玻片上。用 2.5 cm×2 cm 的胶片均匀地蘸取样本（血清），宽为 1~2 mm，点样于上述点样线上（在粗糙面）。

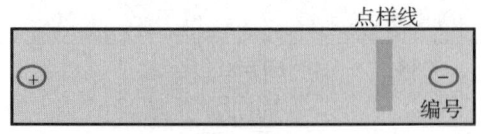

图 19-2　醋酸纤维薄膜电泳点样示意图

4. 电泳　将点样后的薄膜条迅速置于电泳槽的电泳桥上，点样面朝下（粗糙面），点样端置于负极，注意薄膜拉直，中间不要塌陷接触有机玻璃。盖上电泳槽，打开电泳仪电源，调节电压至 90~100 V，或电流 0.4~0.6 mA/cm（膜宽），电泳约 1 h。

5. 染色　电泳完毕，关闭电源，用镊子取出薄膜条，浸入含 0.5% 氨基黑 10B 的染色液中，染色 3 min。薄膜应一条一条浸入染色缸，避免重叠。

6. 漂洗　漂洗的原则是少量多次，将染色后的薄膜条依次放入盛有漂洗液的漂洗缸内，不停地摆动薄膜条，然后置于第二个漂洗缸漂洗，同样操作，然后置于第三个漂洗缸漂洗，直至背景无色为止。

7. 结果

（1）将薄膜条贴在实验报告纸上，标注每一条带的蛋白名称（图19-3）。

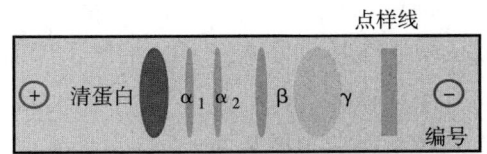

图 19-3　醋酸纤维薄膜电泳结果示意图

（2）用洗脱比色定量法计算各蛋白组分的百分比：取6支试管编号，分别加入 0.4 mol/L 的 NaOH 4 ml。剪下薄膜上各条蛋白色带，分别浸泡于上述试管内，同时于薄膜空白部位剪一平均大小的薄膜条作为空白对照。将上述试管置于37℃水浴中30 min，每10 min 充分摇匀1次，使薄膜条上的氨基黑10B充分洗脱。用分光光度计在620 nm 波长下进行比色，以空白对照管调零点，分别读取清蛋白和 α_1、α_2、β、γ 球蛋白各管的吸光度值。按照以下公式计算各蛋白组分相对于血清总蛋白的百分含量：

吸光度总和：$A_{总}=A_{清}+A_{\alpha_1}+A_{\alpha_2}+A_{\beta}+A_{\gamma}$

$$清蛋白含量（\%）=\frac{A_{清}}{A_{总}}$$

$$\alpha_1 球蛋白含量（\%）=\frac{A_{\alpha_1}}{A_{总}}$$

$$\alpha_2 球蛋白含量（\%）=\frac{A_{\alpha_2}}{A_{总}}$$

$$\beta 球蛋白含量（\%）=\frac{A_{\beta}}{A_{总}}$$

$$\gamma 球蛋白含量（\%）=\frac{A_{\gamma}}{A_{总}}$$

正常参考值：清蛋白为 54.0%~73.0%，α_1 球蛋白为 2.9%~5.1%，α_2 球蛋白为 6.3%~10.6%，β 球蛋白为 5.2%~11.0%，γ 球蛋白为 12.5%~20.0%。

$$清蛋白/球蛋白比值=\frac{A_{清}}{A_{\alpha_1}+A_{\alpha_2}+A_{\beta}+A_{\gamma}}$$

实验器材和试剂

1. 器材　电热恒温水浴、微量移液器、电泳槽、电泳仪、载玻片、点样器、醋酸纤维素薄膜、漂洗（染色）缸、剪刀等。

2. 试剂

（1）pH 8.6 的巴比妥缓冲液（pH 8.6，离子强度 0.07）：巴比妥 2.76 g，巴比妥钠 15.45 g，加蒸馏水至 1000 ml。

（2）0.5% 氨基黑 10B 溶液：氨基黑 10B 0.25 g，甲醇 50 ml，冰乙酸 10 ml，蒸馏水 40 ml，可重复使用。

（3）漂洗液：甲醇或乙醇 45 ml，冰乙酸 5 ml，溶解于蒸馏水 50 ml。

（4）洗脱液：0.4 mol/L NaOH。

（5）透明液：含无水乙醇 70%，冰乙酸 30%。

思考题

1. 简述醋酸纤维素薄膜电泳的原理。
2. 为什么清蛋白电泳迁移距离最远？
3. 血清蛋白的电泳行为受哪些因素的影响？

（蒋建伟）

二、血清脂蛋白琼脂糖凝胶电泳

实验原理

血清中脂类物质（如胆固醇、磷脂和脂肪等）均以不同比例与血清载脂蛋白结合成水溶性的脂蛋白。各种脂蛋白中所含载脂蛋白的种类及数量不同，其颗粒大小相差也很大。在 pH 较大的缓冲液中，脂蛋白均带负电荷，在电场中移向正极。因此，以琼脂糖凝胶为支持物，在电场中可使各种脂蛋白颗粒分离开来。方法是将血清脂蛋白用脂类染料（如苏丹黑或油红等）进行预染，其中之一苏丹黑 B 属于脂溶性染料，可溶解于细胞质内的含脂结构中，使细胞质中的载脂蛋白显现出棕黑或深黑色。再将预染过的血清置于琼脂糖凝胶板上进行电泳分离，可将血清脂蛋白分成 3 条清晰的区带，可用光密度扫描仪扫描定量，也可将各脂蛋白区带切下，进行比色定量（图 19-4）。

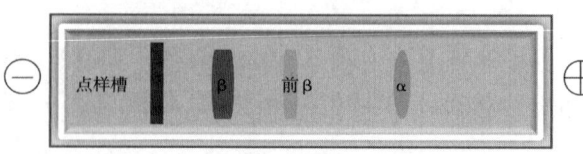

图 19-4　血清脂蛋白凝胶电泳结果示意图

正常人血清脂蛋白可出现 3 条区带，从正极到负极依次为 α 脂蛋白、前 β 脂蛋白和 β 脂蛋白，原点处应无乳糜微粒。

血清脂蛋白电泳法是临床上常用的检验方法，在高脂蛋白血症的分型与临床鉴别诊断中有特别的意义。

> **操作步骤**

1. 预染血清　取小试管 1 支，加入血清 0.2 ml 及苏丹黑 B 染色液 0.02 ml，混匀后置于 37℃水浴中预染 30 min，2000 r/min 离心 5 min，除去可能存在的沉淀，取上清液备用。

2. 制备琼脂糖胶板　将 0.45% 的琼脂糖凝胶水浴煮沸溶解后，用吸管吸取凝胶溶液均匀铺于载玻片上，每片约 2.5 ml，趁热将长为 15 mm 的硬纸片（厚度 1 mm）插在与载玻片短边平行且相距 2 cm 处的凝胶中，静置约 0.5 h 后凝固（室温高时需延长，或放入冰箱内数分钟以加速其凝固）。此时小心将纸片取处，凝胶板上出现一小凹槽。

3. 点样　用微量移液器吸取预染血清约 15 μl，小心注入上述凹槽内。

4. 电泳　将点样的凝胶板平行放于电泳槽中，使点样端靠近负极。用浸泡了电极缓冲液的纱布搭桥，使凝胶板两端与电泳槽缓冲液相连。平衡 3~5 min。接通电源，调电压 100~120 V，约 45 min，看到各区带已分开，最前端区带电泳至载玻片 2/3 处时，即可终止电泳。关掉电源，取出凝胶板。

5. 定量　切下各脂蛋白区带，分别置于盛有 3 ml 蒸馏水的试管中。另在载玻片两端空白区切一大小相等的凝胶作为空白对照。各管置于沸水浴中煮 3 min，使凝胶溶解。冷却后在 600 nm 波长处比色，以空白对照管调零，记录各管的吸光度。也可不切下区带直接用光密度扫描仪扫描定量。

> **绘电泳结果图、计算**

1. 肉眼观察各区带的颜色深浅、宽窄及其排列顺序，绘出脂蛋白电泳图（或者拍照电泳结果图），注意标记好点样线和正负极。

2. 计算各脂蛋白的百分比

吸光度值总和：$A_T = A_\alpha + A_{前\beta} + A_\beta$

α 脂蛋白（%）= $A_\alpha / A_T \times 100\%$

前 β 脂蛋白（%）= $A_{前\beta} / A_T \times 100\%$

β 脂蛋白（%）= $A_\beta / A_T \times 100\%$

正常参考值范围：

α 脂蛋白为 25.7% ± 4.1%

前 β 脂蛋白为 21% ± 4.4%

β 脂蛋白为 53.3% ± 5.3%

> **临床意义**

血脂高于正常值上限即高脂血症，反之为低脂血症。低血脂多见于机体代谢紊乱、营养不良。高脂血症可分为原发性和继发性两大类。原发性高脂血症原因不明，可能与遗传因素有关；继发性高脂血症常继发于其他疾病，如糖尿病、肾病、甲状腺功能减退等。

> **注意事项**

1. 血清样品要新鲜。血清样品和染色液的比例以 9 : 1 为宜，染色液过多不仅会稀释标本，而且染色液中的乙醇会引起蛋白质变性，影响分离效果。

2. 琼脂糖浓度一般选用 0.5% 左右为宜，高于 1% 以上 α 脂蛋白部分较紧密，β 脂蛋白和前 β 脂蛋白部分不够清晰；低于 0.45% 则凝固性较差，图谱不清晰。

> **实验器材和试剂**

1. 器材　电泳仪和电泳槽、普通离心机、水浴箱、移液器、载玻片等。

2. 试剂

（1）电极缓冲液（即巴比妥缓冲液，pH 8.6，0.07 mol/L，离子强度 0.06）：称取巴比妥钠 12.76 g、巴比妥 1.66 g，加 500 ml 蒸馏水，加热溶解。待冷至室温后，再加蒸馏水至 1000 ml。

（2）制胶缓冲液（pH 8.6，离子强度 0.05）：称取巴比妥钠 10.3 g，量取 1 mol/L HCl 溶液 8 ml，加蒸馏水至 1000 ml，使其溶解，用于配制琼脂糖凝胶。

（3）苏丹黑 B 染色液：0.1 g 苏丹黑 B 中加入石油醚 2 ml，无水乙醇 8 ml，在 70℃ 水浴中加热 30 min，时时摇动，离心弃沉淀后备用。

> **思考题**

1. 电泳时为何要将点样端置于负极？
2. 电泳法分离出的各种脂蛋白区带是否为均一的物质？为什么？

（蒋建伟）

三、血红蛋白的醋酸纤维薄膜电泳

> **实验原理**

血红蛋白（Hb）是血珠蛋白和血红素组成的结合蛋白，正常人红细胞内的血红蛋白有 3 种，其肽链组成及在体内所占的百分比为：HbA（$\alpha_2\beta_2$）占 95%~98%；HbA_2（$\alpha_2\delta_2$）占 2%~3%；HbF（$\alpha_2\gamma_2$）约占 1%。胎儿和新生儿的 HbF 含量较高，占

70%~80%，1岁左右开始降至成人水平。

本实验以醋酸纤维薄膜为电泳支持物，用 pH 8.6 的 TEB 缓冲液进行电泳，分离血红蛋白。在 pH 8.6 的环境中各种血红蛋白分子均带负电，向正极泳动。由于各种血红蛋白分子结构不同，迁移率也不同，一般来说，所带电荷多而分子量小者，泳动速度快，反之则慢，故可通过电泳的方法分离血红蛋白。本实验采用的方法可将正常人的 Hb 区分为两条带，即 HbA 和 HbA$_2$，HbF 因含量极低，且迁移率与 HbA 十分接近，故不易单独分出此区带（图 19-5）。此外，尚可能出现非血红蛋白区带，其位置靠近点样端，为红细胞内的碳酸酐酶。

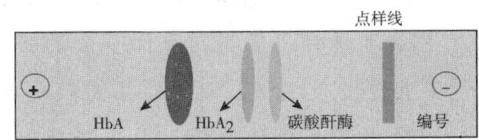

图 19-5　血红蛋白醋酸纤维薄膜电泳结果示意图

实验步骤

1. 取血　用棉球蘸取 70% 医用乙醇和碘液消毒受试者手指尖，采血针穿刺取血 0.05 ml 左右，放入装有 1 ml 0.9% NaCl 溶液的离心管底部并轻轻摇匀。如出血不畅，可对手指稍加挤压。

2. 制备血红蛋白溶液　混匀后 10 000 r/min 离心 3 min，弃去上清液，重复用 1 ml 0.9% NaCl 溶液洗涤 1 次。吸去上清液后，向红细胞沉淀中加等体积蒸馏水，振摇悬浮。再加等体积的 CCl$_4$，用微型振荡器振摇 1 min，10 000 r/min 离心 5 min。吸取上层澄清的血红蛋白液备用。

3. 电泳

（1）醋酸纤维薄膜的准备：将薄膜切成 2 cm×8 cm 膜条，将膜条浸入 TEB 缓冲液中平衡 20~30 min 至完全无白斑。

（2）点样：取出平衡好的膜条，用滤纸吸去多余的缓冲液，在无光泽面（粗糙面）距一端 1.5~2 cm 处用铅笔画一条点样线，用点样玻片蘸取适量血红蛋白溶液，准确点样于膜条的点样线上（粗糙面），待血红蛋白溶液浸入膜内后移开点样玻片，形成一定宽度、粗细均匀的样品直线。此步骤是实验关键，点样前应在滤纸上练习，点样必须一次完成，不可重复点样，点样的直线大约牙签粗细，熟练掌握点样技巧后再正式点样。

（3）电泳：在电泳槽内加入电泳缓冲液，使两个电极槽内液面等高。将点好样的膜条平悬、拉直放于电泳槽支架的滤纸桥上（粗糙面向下），点样端置于负极，点样线不能接触滤纸桥。然后盖严电泳室，将电压调至 10 V/cm 膜长，电流 0.4~0.6 mA/cm 膜宽。电泳至两条 Hb 区带完全分开（40~60 min），结束电泳。

（4）染色：将电泳完毕的膜条取出，浸入丽春红染色液中染色 5 min。

（5）漂洗：将染色完毕的膜条取出，转移到漂洗液中漂洗数次至无蛋白质区染料颜色脱净为止，可得色带清晰的电泳图谱。

（6）拍照电泳结果图，打印结果图。标记图谱中的两种 Hb 区带，注意标记点样线和正负极，并讨论分析实验结果。

注意事项

1. 处理醋酸纤维薄膜时，注意避免污染，取膜时使用镊子或戴手套。

2. 点样时，应将膜表面多余的缓冲液用滤纸吸去，保持膜片不湿不干，且点样的量不宜过多或过少，避免样品扩散或点状加样，影响分离效果。

3. 电泳条件的选择。电流强度以 0.4～0.6 mA/cm（膜宽）为宜。电流过强易造成膜片干燥；电流过低，则样品泳动速度慢易引起样品扩散，均会影响分离效果。

实验器材和试剂

1. 器材　棉球、穿刺针、离心管、移液器和吸头、点样工具、醋酸纤维薄膜、吸水滤纸、微型振荡器、离心机、电泳仪、电泳槽等。

2. 试剂

（1）70%医用乙醇、碘液。

（2）0.9% NaCl 溶液、蒸馏水、四氯化碳（CCl_4）。

（3）电泳缓冲液：TEB 缓冲液（pH 8.6）：称取 Tris 10.29 g，EDTA 0.6 g，硼酸 3.2 g，加蒸馏水至 1000 ml。

（4）丽春红染色液：称取丽春红 2 g，三氯乙酸 30 g，5-磺基水杨酸 30 g，溶于蒸馏水中，再加水至 100 ml，此为 10× 丽春红贮存液，应用时用蒸馏水稀释 10 倍。

（5）漂洗液：3%冰乙酸溶液。

思考题

1. 简述醋酸纤维薄膜电泳分离血红蛋白的原理。
2. 简述异常血红蛋白区带的临床意义。

（蒋建伟）

四、聚丙烯酰胺凝胶圆盘电泳法分离血清蛋白

实验原理

聚丙烯酰胺凝胶电泳（polyacrylamide gel electrophoresis，PAGE）的支持介质为聚丙烯酰胺凝胶，它很少带有离子的侧基，电渗作用小，对热稳定，机械强度大，富有

弹性，所以是区带电泳的良好介质。聚丙烯酰胺凝胶是由丙烯酰胺（acrylamide，Acr）和其交联剂 N,N'-亚甲基双丙烯酰胺（N,N'-methylene bisacrylamide，Bis）在催化剂作用下聚合交联而成的含有酰氨基侧链的脂肪族大分子化合物。聚合反应常用的催化剂有过硫酸铵（AP）及核黄素。为了加速聚合，在制备凝胶时还需加入四甲基乙二胺（TEMED）作为加速剂（图19-6）。聚丙烯酰胺凝胶是一种三维网状结构，改变 Acr 与 Bis 的浓度可以调节凝胶孔径的大小而分离分子量不同的物质。另外，结合阴离子表面活性剂十二烷基硫酸钠（SDS），还可以用于测定蛋白质亚基分子量。

聚丙烯酰胺凝胶电泳可分为连续系统（仅有分离胶）和不连续系统（浓缩胶和分离胶）的凝胶电泳。前者系统中各部分均相同，当样品浓度大、成分简单时，用连续系统即可得到满意的分离效果；后者由于系统中存在浓缩胶，使样品在分离前就被浓缩成极薄的区带，从而可以提高分辨率。不连续系统的聚丙烯酰胺凝胶电泳具有较高的分辨率，主要是因为其具有浓缩效应、电荷效应和分子筛效应。

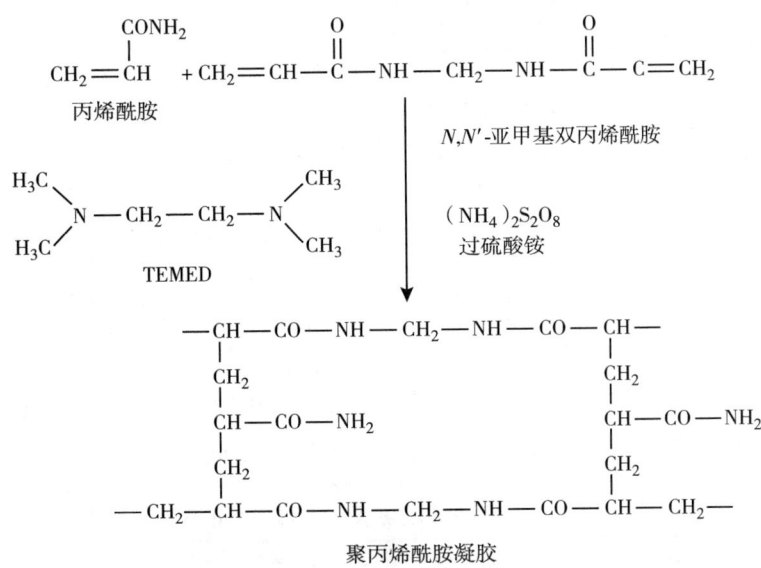

图 19-6 聚丙烯酰胺凝胶的聚合反应

1. **浓缩效应** 凝胶由两种不同的凝胶层组成，上层为浓缩胶（大孔胶，缓冲液 pH 6.7），下层为分离胶（小孔胶，缓冲液 pH 8.9）。在上、下电泳槽内充以 Tris-甘氨酸缓冲液（pH 8.3），这样便形成了凝胶孔径和缓冲液 pH 的不连续性。在浓缩胶中 HCl 几乎全部解离为 Cl^-，只有极少部分甘氨酸解离成 $H_2NCH_2COO^-$。蛋白质的等电点一般在 pH 5 左右，此条件下其解离度在 HCl 和甘氨酸之间。当电泳系统通电后，这 3 种离子同向阳极移动。其有效泳动率依次为 Cl^- > 蛋白质 > $H_2NCH_2COO^-$，故 Cl^- 称为快离子，而 $H_2NCH_2COO^-$ 称为慢离子。电泳开始后，快离子在前，在其后面形成离子浓度低的区域即低电导区。电导与电压梯度成反比,所以低电导区有较高的电压梯度。这种高电压梯度使蛋白质和慢离子在快离子后面加速移动。在快离子和慢离子之间形成一个稳定而不断向阳极移动的界面。由于蛋白质的有效泳动率恰好介于快、慢离子之间,因此蛋白质离子就集聚在快、慢离子之间,被浓缩成一条狭窄带。这种浓缩效应可使蛋白质浓缩数百倍。

2. 电荷效应　样品进入分离胶后,慢离子甘氨酸全部解离为负离子,泳动速率加快,很快超过蛋白质,高电压梯度随即消失。此时蛋白质在均一的外加电场下泳动,但由于蛋白质分子所带的有效电荷不同,使各种蛋白质的泳动速率不同而形成不同的区带得以分离。

3. 分子筛效应　各种蛋白质分子由于分子大小和构象不同,因而通过一定孔径的分离胶时所受的摩擦力不同,表现出不同的泳动率而被分开。凝胶孔径的大小由聚丙烯酰胺凝胶的浓度决定,表19-2为分离胶浓度与孔隙半径的对照。一般来说,聚丙烯酰胺凝胶浓度越高,凝胶电泳迁移率越低,反之同理。通常需要根据待分离样品的分子量来选择合适的凝胶浓度和有效的分离孔径。

表19-2　分离胶浓度与凝胶孔隙半径对照

凝胶浓度	凝胶孔半径（nm）	凝胶浓度	凝胶孔半径（nm）
2.5%	25	10%	13
5.0%	18	20%	10
7.5%	15	30%~35%	5

大多数核酸、蛋白质样品在7.5%的聚丙烯酰胺凝胶中都能得到有效分离。聚丙烯酰胺凝胶浓度范围适用待分离样品分子量之间的关系见表19-3。

表19-3　分离样品分子量和凝胶浓度的选择

分离样品	分子量	凝胶浓度	分离样品	分子量	凝胶浓度
蛋白质	<10 000	20%~30%	蛋白质	>500 000	2%~5%
	10 000~40 000	15%~20%	核酸	10 000	15%~20%
	40 000~100 000	10%~15%		10 000~100 000	5%~10%
	100 000~500 000	5%~10%		100 000~200 000	2%~2.6%

本实验对血清蛋白采用不连续聚丙烯酰胺凝胶圆盘电泳分离,圆盘电泳是在直立的玻璃管中进行,混合物分离后形成很窄区带,在凝胶中呈圆盘状,故名圆盘电泳,电泳装置图示见图19-7。

实验十九 电 泳

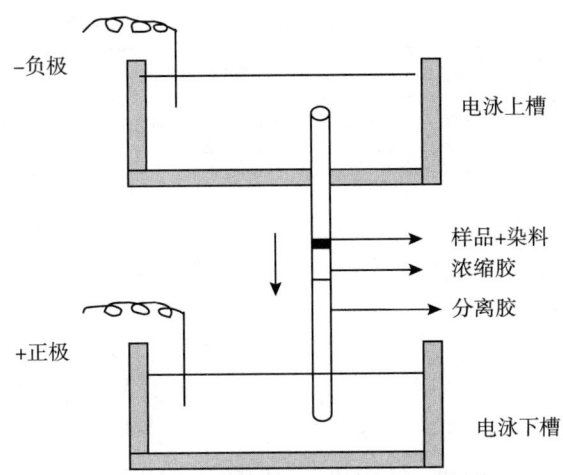

图 19-7 聚丙烯酰胺凝胶圆盘电泳装置示意图

图 19-7 所示的装置中，上、下电泳槽由一根玻璃柱连接，玻璃柱中填充了浓缩胶和分离胶，凝胶的两端分别联通上槽的负极和下槽的正极。电泳槽中的缓冲液为 Tris-甘氨酸（pH 8.3），蛋白样品带负电荷向正极泳动。因为是不连续系统，待分离的血清蛋白在电泳过程中经历上述的浓缩效应、电荷效应、分子筛效应，最后形成电泳速度差异得以分离。电泳后经过氨基黑 10B 染色蛋白、醋酸脱色无蛋白染料背景后，观察血清蛋白的组成和相对含量（血清蛋白通过聚丙烯酰胺凝胶电泳一般可分离出 12~16 条区带）。

操作步骤

1. 凝胶装柱

（1）将 10 cm × 0.6 cm 的玻璃管一头插入橡皮塞，垂直放于试管架中。

（2）按表 19-4 配制 7.5% 的分离胶溶液于小烧杯中。

（3）用滴管吸取分离胶溶液，沿管内壁缓缓注入胶液至玻璃管上端约 7cm 处。如有气泡，可轻轻叩打玻璃管，排除气泡。

（4）立即用滴管沿凝胶管管壁加入蒸馏水 0.5 ml，覆盖分离胶床面。很快可观察到蒸馏水和凝胶床面之间的界面，然后消失。当凝胶完全聚合时，界面再次可见。整个聚合过程需要 15~30 min。

（5）等待分离胶聚合时，按表 19-4 配制浓缩胶，备用。

（6）小心用微量移液器吸走蒸馏水，并用滤纸将多余水分吸干，注意避免破坏凝胶床面的平整。

（7）用滴管沿管内壁缓缓加入浓缩胶溶液，胶柱高 0.5~0.7 cm，并立即沿管壁缓慢细心加入蒸馏水约 0.5 cm 管高，静置半小时后使用。

表 19-4　SDS-不连续系统不同浓度凝胶的配制　　　　　　　　　　　　单位：ml

试剂	配制 10 ml 不同浓度的分离胶所需试剂用量					配制 5 ml 5% 浓缩胶所需试剂用量
	6%	8%	10%	12%	15%	
蒸馏水	5.3	4.6	4.0	3.3	2.3	2.82
凝胶储液	2.0	2.7	3.3	4.0	5.0	0.83
1.5 mol/L Tris-HCl（pH 8.8）	2.5	2.5	2.5	2.5	2.5	—
0.5 mol/L Tris-HCl（pH 6.8）	—	—	—	—	—	1.25
10% SDS 溶液	0.1	0.1	0.1	0.1	0.1	0.05
10% 过硫酸铵溶液	0.1	0.1	0.1	0.1	0.1	0.05
TEMED	0.008	0.006	0.004	0.004	0.004	0.005

2. 样品配制　取正常人（或兔）血清 0.2 ml，加入 250 g/L 蔗糖溶液 0.2 ml，再加入 0.5 g/L 溴酚蓝溶液 0.1 ml，混合后作为样品溶液待用。

3. 电泳

（1）选择合适（凝胶无气泡、裂缝、剥离或无聚合不匀）的玻璃凝胶管，去除蒸馏水，将凝胶管中间套上胶套并插入圆盘电泳槽中间的孔洞中，使胶管下端恰好离开下槽底部。

（2）用滴管吸取电泳缓冲液（Tris-甘氨酸缓冲液）沿管壁慢慢加入到凝胶管顶端。

（3）加样：用移液枪吸取配好的血清样品液 10 μl，轻轻加至凝胶管中。

（4）在电泳槽的上槽和下槽中各加入电泳缓冲液，使凝胶管的上、下端均被电泳缓冲液浸没。

（5）将电泳上槽的电极接电泳仪的负极，下槽电极接电泳仪的正极，接通电源。调节电压至 100 V 开始电泳，待样品示踪带进入分离胶，调节电压至 120 V 继续电泳。直到示踪染料迁移到离玻璃柱底部约 0.5 cm 处，切断电源（电泳时间约为 2 h）。

4. 剥胶　取下凝胶管，用带有 7 号注射针头的注射器吸取蒸馏水作润滑剂，将针头插入胶柱与管壁之间，边注水边推进注射针头，直至胶柱与管壁完全分开，然后用洗耳球轻轻在胶管的一端加压，使凝胶柱从凝胶管中缓慢滑至盛有电泳缓冲液的托盘中。

5. 染色　将凝胶置于 20 ml 大试管中，加入氨基黑 10B 染色液浸过凝胶，染色 15 min 左右。

6. 脱色　将已染色的胶柱浸泡于脱色液中，浸泡至脱色液与凝胶颜色相近，更换脱色液。直至背景脱至无色（需换 3~4 次洗脱液），蛋白质区带清晰，此过程需 7~8 h。

7. 结果　拍照脱色的凝胶，观察分离的血清蛋白区带。绘制血清蛋白的聚丙烯酰胺凝胶圆盘电泳示意图（注明电极）。

注意事项

1. 制胶时，加入过硫酸铵后应迅速将溶液转移至凝胶管，并注意凝胶管底部不能有气泡出现。吸过配好凝胶液的吸管或滴管应迅速用大量水冲洗，以免凝胶在吸管或滴管内聚合，使吸管或滴管报废。另外，分离胶灌制后上层加水是为了防止空气中的氧气对凝胶聚合的抑制作用，加水时一定要特别小心，缓缓滴加，尽量减少胶液表面的振动与混合。

2. 装槽时要稳、直、平。

3. 剥胶时要小心，针头很容易使凝胶表面损伤或损坏，影响电泳结果。

4. 丙烯酰胺和 N,N'- 亚甲基双丙烯酰胺固体应贮存于棕色瓶中，贮存在干燥与较低温度（4℃）情况下以减少水解，但只能贮存 1~2 个月。通过测定 pH（4.9~5.2）来检查是否失效。失效液不能聚合。

5. 丙烯酰胺和 N,N'- 亚甲基双丙烯酰胺是神经性毒剂，并对皮肤有刺激作用，注意避免直接接触。大量操作（如纯化时）可在通风橱内进行。

6. 四甲基乙二胺要密封贮存，过硫酸铵溶液最好当天配制。

实验器材和试剂

1. 器材　圆盘电泳装置、玻璃管（长 10~12 cm、内径约 0.6 cm）、凝胶柱制备架、细长滴管、微量移液器、20 ml 玻璃注射器、7 号注射针头等。

2. 试剂

（1）30% 丙烯酰胺（含 Bis）：称取丙烯酰胺（Acr）29.2 g，N,N'- 亚甲基双丙烯酰胺（Bis）0.8 g，加蒸馏水定容至 100 ml，将未溶物滤去，盛于棕色瓶中，4℃冰箱保存，可使用 1 个月。

（2）分离胶缓冲液（Tris-HCl 缓冲液，pH 8.9）：称取 Tris 36.3 g，加 1 mol/L HCl 48.0 ml，加蒸馏水至 80 ml，调节 pH 至 8.9，再用蒸馏水定容至 100 ml，置棕色瓶中，4℃冰箱保存。

（3）浓缩胶缓冲液（Tris-HCl 缓冲液，pH 6.7）：称取 Tris 5.98 g，加 1 mol/L HCl 48.0 ml，加蒸馏水至 80 ml，调节 pH 至 6.7，再用蒸馏水定容至 100 ml，置棕色瓶中，4℃冰箱保存。

（4）1% TEMED（四甲基乙二胺，加速剂）：TEMED 1 ml，加蒸馏水 99 ml 混匀，4℃冰箱保存。

（5）10 g/L 过硫酸铵（催化剂）：称取过硫酸铵 1 g，加蒸馏水至 100 ml。临用前配制。

（6）250 g/L 蔗糖溶液：称取蔗糖 25 g，加蒸馏水至 100 ml。

（7）0.5 g/L 溴酚蓝：称取溴酚蓝 50 mg，溶于 100 ml 0.005 mol/L NaOH 溶液中。

（8）染色液：10% 氨基黑 10B，取氨基黑 10B 10 g，溶于 100 ml 7% 醋酸溶液。

（9）脱色液：7% 醋酸溶液。

（10）电极缓冲液（Tris-甘氨酸缓冲液，pH 8.3）：称取 Tris 6 g、甘氨酸 28.8 g，加蒸馏水 850 ml，调节 pH 为 8.3，再用蒸馏水定容至 1000 ml。使用时稀释 5 倍。

思考题

1. 不连续系统的聚丙烯酰胺凝胶电泳具有高分辨率的原因是什么？
2. 凝胶柱上层水封的目的是什么？

（蒋建伟）

五、不同 pH 下的血红蛋白电泳

实验原理

蛋白质等电点是指使溶液中蛋白质分子所携带的净电荷为零时的 pH。在这个 pH 条件下，蛋白质因不带电荷导致电泳迁移率也为零。当 pH 低于蛋白质的等电点时，蛋白质分子将带正电荷并向负极迁移；当 pH 高于蛋白质的等电点时，蛋白质分子将带负电荷并向正极迁移。已知血红蛋白的等电点为 pH 6.8，本实验以醋酸纤维素膜（cellulose acetate membrane，CAM）为电泳支持物，观察在不同 pH 条件下的血红蛋白电泳情况，以了解不同 pH 对蛋白电泳行为的影响。

操作步骤

1. 同时准备 3 套电泳槽、电泳仪。电泳槽缓冲液 pH 分别为 4.0、6.8 和 10.0。

2. 分别取 3 条醋酸纤维薄膜（CAM），仔细辨别粗面与光面。在每条膜的粗面距底端 1.5~2 cm 处用铅笔轻轻画一横线（此为点样线）。并在薄膜末端标记好方便识别的姓名或符号，还必须标记好薄膜浸泡缓冲液的 pH（4.0、6.8 或 10.0），稍后将用于不同 pH（4.0、6.8 或 10.0）下的电泳（注：请勿使用圆珠笔）。

3. 将标记 pH 的薄膜分别浸泡在 pH 4.0、6.8 和 10.0 的缓冲液中，浸泡 20 min 以上后取出薄膜，并将其放在对折的粗滤纸之间，以吸除多余的水分。

4. 将少量血红蛋白液滴在载玻片上，并用边缘光滑的胶片蘸取少量血红蛋白液，在 CAM 的粗面上的铅笔标记处（点样线）压膜点样。请注意，点样必须一次完成，切忌重复点样，样品必须均匀地压在薄膜条的点样线上，并确保样品浸润到薄膜条上为一狭窄的线状为佳。

5. 将薄膜条分别放置在电泳槽的滤纸桥上，注意浸泡薄膜条的缓冲液的 pH 必须和电泳槽的缓冲液 pH 保持一致。例如，pH 6.8 浸泡的薄膜条放置在装有 pH 6.8 缓冲液的电泳槽上。放置薄膜条时还要注意薄膜条带的光滑面必须朝上，以避免水分蒸发，点样线端必须靠近负极。静置平衡 10 min，待缓冲液充分浸润薄膜后开始电泳。调节电泳仪电压至 150 V，电泳 20~30 min。

6. 染色　用镊子取出薄膜条，浸入含 0.5% 氨基黑 10B 的染色液中，染色 3 min。薄膜应一条一条浸入染色缸，避免重叠。

7. 漂洗　漂洗的原则是少量多次，将染色后的薄膜条依次放入盛有漂洗液的漂洗缸内，不停地摆动薄膜条，然后置于第二个漂洗缸漂洗，同样操作，然后置于第三个漂洗缸漂洗，直至背景无色为止。

8. 观察电泳结果，分析不同 pH 条件下的电泳行为差异原因。

实验器材和试剂

1. 器材　载玻片、点样器、电泳槽、电泳仪、醋酸纤维素膜 CAM 等。

2. 试剂

（1）pH 6.8 的柠檬酸 - 磷酸氢二钠缓冲液：将 22.75 ml 0.1 mol/L 柠檬酸一水合物（分子量为 210.14）与 77.25 ml Na_2HPO_4（分子量为 141.98）混合。

（2）pH 4.0 的柠檬酸 - 磷酸氢二钠缓冲液：将 61.45 ml 0.1 mol/L 柠檬酸一水合物（分子量为 210.14）与 38.55 ml Na_2HPO_4（分子量为 141.98）混合。

（3）pH 10.0 的 Na_2CO_3-$NaHCO_3$ 缓冲溶液：将 27.6 ml 0.2 mol/L Na_2CO_3 与 22.5 ml 0.2 mol/L $NaHCO_3$ 混合并用蒸馏水稀释至 200 ml。

（4）血红蛋白样本：取 5 ml 经过抗凝剂处理的血液，离心沉淀红细胞。去上清后用 0.9% NaCl 溶液 5 ml 洗涤、离心细胞 3 次。加入 5 ml 蒸馏水并充分搅拌引起红细胞溶血。3000 r/min 离心 10 min，将上清液（含血红蛋白）转移到试管中并储存（冷藏）以供使用。

思考题

1. 本实验操作过程中哪些因素可能影响实验结果？
2. 同一样本在不同 pH 下电泳结果会相同吗？为什么？

（张嘉晴）

实验二十
谷丙转氨酶的转氨基作用（纸层析法）

实验目的

1. 掌握转氨基作用的原理。
2. 掌握纸层析法分离不同氨基酸的基本方法。

实验原理

细胞内 α-氨基酸的 α-氨基在氨基转移酶的作用下，转移到 α-酮酸的过程，称为转氨基作用。此类酶各有一定的特异性，普遍存在于动物各组织中，如肝、肾、肌肉和心脏都含有大量转氨酶。肝细胞中含有丰富的谷丙转氨酶（GPT）。其催化下面的反应：

$$\underset{\text{谷氨酸}}{\begin{array}{c}COOH\\|\\(CH_2)_2\\|\\HCNH_2\\|\\COOH\end{array}} + \underset{\text{丙酮酸}}{\begin{array}{c}CH_3\\|\\C=O\\|\\COOH\end{array}} \underset{}{\overset{GPT}{\rightleftharpoons}} \underset{\alpha\text{-酮戊二酸}}{\begin{array}{c}COOH\\|\\(CH_2)_2\\|\\C=O\\|\\COOH\end{array}} + \underset{\text{丙氨酸}}{\begin{array}{c}CH_3\\|\\HCNH_2\\|\\COOH\end{array}}$$

本实验中，谷氨酸与丙酮酸在肝匀浆中的谷丙转氨酶催化作用下，进行氨基转移反应，然后用纸层析法检查反应体系中丙氨酸的生成。实验组发生转氨基反应，在最后的体系中存在有两种氨基酸，而对照组不发生转氨基反应，最后的体系中只有反应物一种氨基酸。最后用煮沸的方法使 GPT 失活而终止反应。本实验用纸层析法对两种氨基酸进行分离和鉴定。

本实验的纸层析法为垂直型，垂直型是将滤纸条悬挂，使流动相向上或向下扩散。纸层析法的分离原理属于分配层析，分配层析是利用混合物在两种或两种以上的不同溶剂中总的分配系数的不同而使物质分离的方法，相当于一种连续的萃取过程。纸层析以滤纸为支撑介质。水被吸附在滤纸的纤维素与纤维素之间，形成固定相，某些与水不相溶的有机溶剂如酚为常用的流动相。把待分离的物质加样在滤纸的一端，使流动相经此向另一端移动，这样物质随着流动相的移动进行连续、动态的不断分配。由于不同物质分配系数的差异，而使移动速度不同。在固定相中分配趋势较大的组分，随流动相移动的速度就慢；反之，在流动相分配趋势较大的组分，移动速度更快，最终不同的组分彼此分离。物质在滤纸上移动的速率可以用迁移率（Rf）表示：

$$Rf = 点样点中心到色斑中心的距离 / 点样点中心到溶剂前沿的距离$$

因为物质在一定的溶剂中的分配系数是一定的，故迁移率（Rf）也相对恒定，因此在同一层析体系中可用 Rf 值来鉴定被分离的不同组分。用纸层析法分离氨基酸混合物时，影响 Rf 值的主要因素是侧链基团的极性。例如丙氨酸侧链极性要小于谷氨酸侧链的极性，所以混合物中丙氨酸在滤纸上运动更快，Rf 值大；反之谷氨酸在滤纸上运动更慢，Rf 值小。

操作步骤

1. 肝匀浆的制备：称取 1 g 新鲜的动物肝，用剪刀切成小块，置于匀浆器中，加入 9 ml 0.01 mol/L 预冷的 PBS（pH 7.4），制备肝匀浆液。

2. 转氨基作用：取 2 支试管，按照表 20-1 操作。

表 20-1　谷丙转氨酶的转氨基反应　　　　　　　　　　　　　　　　　　单位：ml

试剂	试管编号	
	实验组	对照组
肝匀浆液	0.5	0.5
	在 45℃孵育 5 min	在沸水中孵育 10 min
0.2 mol/L 丙酮酸	0.5	0.5
0.05 mol/L 谷氨酸	0.5	0.5
PBS	1.5	1.5

充分混匀，在 45~50℃的水浴中孵育 15 min 后将试管转移到沸水浴中孵育 5 min，以终止转氨基反应。将上清通过滤纸过滤至另外 2 支试管中，分别标记实验组及对照组，备用。

3. 纸层析的准备

（1）取层析缸，加入水饱和酚至溶剂高度为 0.5 cm。

（2）取 1 张新华 1 号滤纸，32 cm × 20 cm，在底部 1.5 cm 处，用铅笔画一直线，每隔 2 cm 画 1 个直径 3 mm 的小圆，作为点样原点。

（3）共画 9 个小圆（图 20-1），铅笔依次标记为"A""G""S""C""A+G""A""G"

"S""C"。其中"A"为标准丙氨酸,"G"为标准谷氨酸,"A+G"为谷氨酸+丙氨酸,"S"为实验组,"C"为对照组。

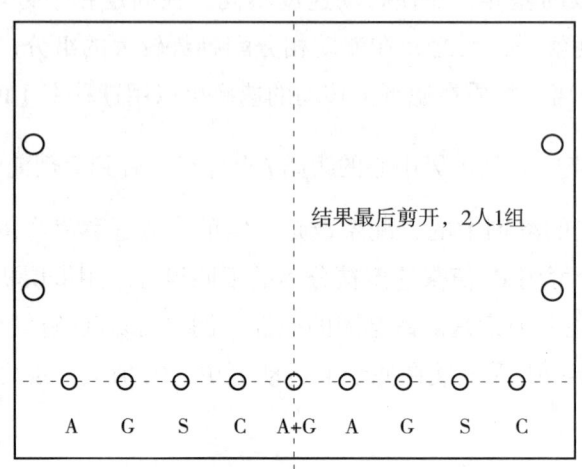

图20-1　纸层析点样前的准备

4. 点样

(1) 取1块6孔瓷板（至少需要有5个孔），分别加入标准丙氨酸（1滴），标准谷氨酸（1滴），谷氨酸、丙氨酸混合液（各加入1滴丙氨酸及1滴谷氨酸），实验组（1滴）及对照组（1滴）。

(2) 分别用毛细管（或者采用10 μl的微量移液器）蘸取上述溶液，点样于滤纸原点处，溶液斑点不要超过基线上所画的圆圈。样本空气干燥（或吹风筒冷风吹干），再重复点样1次。注意等样本扩散到圆孔边缘，停止点样，空气干燥后再进行下一次的点样，直到点样完毕。

注意：A、G和A+G组各点样2 μl；C和S组各点样4 μl。

5. 层析

(1) 待点样点干燥后，将点样面朝外，把滤纸卷成圆筒状，用细线在滤纸的圆孔上绑住，使滤纸的两个边缘充分靠近，但并不接触。

(2) 剪刀剪去多余的细线，此刻滤纸被卷成圆筒型，小心放入含有水饱和酚的层析缸内，注意不要使圆筒状的滤纸碰到层析缸的内壁。

(3) 盖上层析缸盖子，避光层析1~1.5 h，待溶剂前沿上升到7~10 cm，打开盖子，小心取出滤纸。

6. 显色

(1) 用吹风筒热风干燥滤纸，等酚挥发后，在点样面喷洒0.1%的茚三酮溶液。

(2) 再次用吹风筒热风干燥滤纸，此刻可以在滤纸上看到紫色的斑点。

（3）用铅笔画出溶剂前沿线，画出各个斑点，并量取各斑点中心到基线的距离，以及溶剂前沿到基线的距离。

计算

根据公式 Rf = 斑点中心到基线的距离 / 溶剂前沿到基线的距离，计算丙氨酸、谷氨酸的 Rf 值；实验组、对照组各点的 Rf 值（图 20-2）。

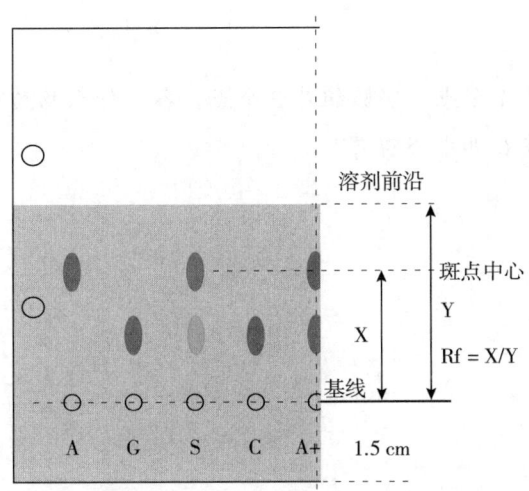

图 20-2　纸层析结果示意图

注意事项

1. 层析液中的酚有腐蚀性，注意安全，防止溅到皮肤或眼睛。
2. 操作中注意戴好手套，避免手直接触碰滤纸。

实验器材和试剂

1. 器材　电热恒温水浴、微量移液器、试管、毛细管、滤纸、染色缸、吹风筒、细线绳、喷壶、多孔白瓷板等。

2. 试剂

（1）0.2 mol/L pH 7.4 磷酸盐缓冲液：将 81 ml 0.2 mol/L 的 Na_2HPO_4 溶液加入 19 ml 0.2 mol/L NaH_2PO_4 溶液。

（2）0.05 mol/L 丙氨酸溶液：将 0.45 g 丙氨酸溶解于 pH 7.4 的磷酸盐缓冲液中，最终用此缓冲液定容到 100 ml。

（3）0.2 mol/L pH 7.4 丙酮酸溶液：将 2.2 g 丙酮酸钠溶解于 pH 7.4 的磷酸盐缓冲液中，小心采用 1 mol/L 的 NaOH 将 pH 调整至 7.4，最终用 pH 7.4 的磷酸盐缓冲液定容到 100 ml。

（4）0.05 mol/L 谷氨酸溶液：将 0.367 g 谷氨酸溶解于 0.01 mol/L pH 7.4 的磷酸盐缓冲液中，小心采用 1 mol/L 的 NaOH 将 pH 调整至 7.4，最终用 pH 7.4 的磷酸盐缓冲液定容到 50 ml。

（5）0.1% 茚三酮溶液：称取 0.1 g 茚三酮，溶解于 100 ml 丙酮中。

（6）层析展开液：水饱和酚，取 920 ml 层析纯的酚，加入 80 ml 蒸馏水。

思考题

1. 为什么对照组为 1 个点，实验组是 2 个点，各是什么物质？
2. 为什么对照组要在沸水浴孵育？

（蒋建伟）

实验二十一

血清中无机磷含量的测定

实验目的

1. 掌握血清无机磷含量测定的原理和方法。
2. 了解血清无机磷含量测定的临床意义。

实验原理

血液中的磷元素主要存在于三种化合物中,它们分别是无机磷、磷脂(卵磷脂、脑磷脂和鞘氨醇等)和有机磷(磷酸甘油、磷酸己糖、磷酸核苷酸等)。磷脂主要存在于细胞中,而其他两种化合物在细胞和血浆中的浓度比较接近。临床上通常只对无机磷进行测定。

用三氯醋酸沉淀血清中蛋白质,无机磷酸盐仍留在无蛋白血滤液中。在酸性条件下,取此滤液加入过量的钼酸铵试剂,使滤液中的磷与钼酸结合成磷钼酸,再加入氨基萘酚磺酸试剂,使六价的钼还原成钼蓝,与同样处理的磷标准液比色,求出血清中无机磷的含量。其反应式如下:

$$(NH_4)_2Mo_4 + H_2SO_4 \longrightarrow H_2MoO_4 + (NH_4)_2SO_4$$
钼酸铵　　　　　　　　　　钼酸

$$12H_2MoO_4 + H_3PO_4 \longrightarrow H_3PO_4 \cdot 12MoO_3 \cdot 3H_2O + 9H_2O$$
钼酸　　　　　　　　　　　磷钼酸

$$H_3PO_4 \cdot 12MoO_3 \cdot 3H_2O \xrightarrow{\text{氨基萘酚磺酸}} 钼蓝$$
磷钼酸

操作步骤

1. 制备无蛋白血滤液:用移液管移取 1 ml 血清到一个干净的离心管中,加入 4 ml

10%三氯乙酸，混合均匀。之后静置 10 min，2500 r/min 离心 10 min。将上清液转移至另 1 个干净试管中。

2. 准备 3 支干净的试管，按表 21-1 加入以下试剂。

表 21-1　血清无机磷含量测定　　　　　　　　　　　　单位：ml

试剂	试管编号		
	实验组	标准组	空白组
上清液	2.0	—	—
磷酸盐标准液	—	2.0	—
10% TCA	—	2.0	2.0
钼酸铵	2.0	2.0	2.0
氨基萘酚磺酸	1.0	1.0	1.0
蒸馏水	5.0	3.0	5.0

迅速混匀，静置在室温环境中 10 min，在 680 nm 波长下读取吸光度值，使用空白组调整吸光度零值。

3. 按以下公式计算

$$\text{血液中磷酸盐含量} = \frac{\text{实验组吸光度值}}{\text{标准组吸光度值}} \times \frac{100}{0.4} \times 0.02 \ (\text{mg\%})$$

注意事项

正常范围的无机磷酸盐含量是：成年人 3~5 mg/dl，儿童 4~6 mg/dl。在佝偻病和骨质疏松症患者中，无机磷酸盐水平可能低至 2 mg/dl 或更低。在肾炎和肾功能不全患者中，血液中的无机磷含量会增高至 15 mg/dl。甲状旁腺功能与血磷密切相关，在甲状旁腺功能亢进时无机磷水平降低，甲状旁腺功能减退时无机磷水平增高。

实验器材和试剂

1. 器材　微量移液器、离心机、离心管、试管等。

2. 试剂

（1）10%三氯醋酸：称取三氯醋酸 100 g，蒸馏水定容 1000 ml。

（2）磷酸盐标准液（0.01 mg/ml）：称干燥 KH_2PO_4 43.88 mg 溶于水并定容至 1000 ml，加氯仿数滴。

（3）2.5% 钼酸铵：称钼酸铵 25 g，用 200 ml 蒸馏水溶解，加入浓 H_2SO_4 83 ml，最后定容至 1000 ml。

（4）氨基萘酚磺酸：称氨基萘酚磺酸 0.5 g，加入 15％ $NaHSO_3$ 溶液 195 ml（或者直接称 $NaHSO_3$ 29.2 g）及 20％ Na_2SO_3 溶液 5 ml（或者直接称 Na_2SO_3 1 g），加热搅拌，使之溶解，冷却保存，同时稀释 10 倍。如果很难溶，直接稀释到 2000 ml 后再溶。置棕色瓶保存，颜色变黄时，须重新配制。

（5）血清（正常人）。

思考题

血清无机磷测定的原理是什么？

（蒋建伟）

实验二十二

血清中尿酸含量的测定

实验目的

1. 掌握血清中尿酸含量测定的方法和原理。
2. 了解尿酸测定的临床意义。

实验原理

血清蛋白质在弱酸环境中经钨酸试剂沉淀。无蛋白血滤液中的尿酸在碱性溶液中被磷钨酸氧化生成尿囊素和二氧化碳,磷钨酸被还原为蓝色的钨蓝。在一定范围内,钨蓝的生成量与尿酸浓度正比。通过测定反应中生成的钨蓝在 710 nm 波长下的吸光度值,可计算尿酸的含量。反应式如下:

尿酸 + $H_3PW_{12}O_{40}$(磷钨酸) $\xrightarrow{\text{碱性溶液}}$ 尿囊素 + CO_2 + 钨蓝

操作步骤

1. 无蛋白血滤液的制备:在 1 个干燥的离心管中加入 4 ml 蒸馏水,0.5 ml 血清,混匀,再加入 0.25 ml 1/3 mol/L 的硫酸,混匀。最后加入 0.25 ml 的 10% 钨酸钠溶液,混匀。室温静置 10 min,2500 r/min 离心 10 min,将上清转移进另 1 个干燥的试管中备用。

2. 尿酸测定:另准备 3 支干净试管,分别为测定管、标准管、空白管,按表 22-1 加入试剂。

表 22-1　血清尿酸含量测定　　　　　　　　　　　　　　　　　　　　　单位：ml

试剂	试管编号		
	测定管	标准管	空白管
无蛋白血滤液	3.0	—	—
蒸馏水	—	—	3.0
尿酸标准液	—	3.0	—
14% Na_2CO_3 溶液	1.0	1.0	1.0
磷钨酸试剂	1.0	1.0	1.0

混匀各管，室温静置 15 min 后，以空白管调零，读取各管在 710 nm 波长的吸光度值。

计算

$$血清尿酸（mg/100\ ml）= \frac{测定管吸光度}{标准管吸光度} \times 0.03 \times 100 / 0.3$$

注意事项

1. 非特异的干扰物大多存在于红细胞中，故标本用血清或血浆比全血好。

2. 尿酸在水中的溶解度极低（0.006 g/100 ml，37℃），但在碱性碳酸盐或磷酸盐液中易溶解，故配制标准液时，可加入碳酸锂、碳酸钠助溶。

3. 标本中尿酸在室温可稳定 3 天，如标本冷藏出现尿酸沉淀，测定前应调节 pH 为 7.5~8.0，并加温至 50℃溶解测定。

4. 制备滤液时可因滤液酸度过高，引起尿酸与蛋白共沉淀，pH<3.0 时尿酸回收率明显降低。如用全量沉淀剂，滤液 pH 为 2.4~2.7，回收率仅为 74%~97%，如用半量沉淀剂，滤液 pH 为 3.0~4.3，回收率 93%~103%。不能用氢氧化锌沉淀蛋白，因为其与尿酸可形成不溶性尿酸锌。

5. 草酸钾与磷钨酸容易生成不溶性磷钨酸钾造成显色液浑浊，故不能用草酸钾作抗凝剂。

实验器材和试剂

1. 器材　微量移液器、离心机、离心管、试管、分光光度计等。

2. 试剂

（1）磷钨酸溶液：称取钨酸钠 40 g，溶解于蒸馏水 300 ml 中，加浓磷酸（85%）32 ml，玻璃珠数粒，回流 2 h，冷却至室温，用蒸馏水稀释至 1000 ml 混匀，加入 32 g

硫酸锂（$Li_2SO_4 \cdot H_2O$）混匀。置棕色瓶中，冰箱保存。

（2）1/3 mol/L 的 H_2SO_4 溶液。

（3）10%钨酸钠。

（4）14%碳酸钠溶液：溶解无水碳酸钠（A.R）70 g 于适量蒸馏水中，并稀释至 500 ml。置塑料试剂瓶中储存，如有浑浊可过滤后使用。

（5）尿酸标准储存液（1 mg/ml）：称取尿酸 100 mg、碳酸锂 60 mg，在 60℃蒸馏水 50 ml 中溶解。冷却至室温，移入 100 ml 容量瓶中，加入甲醛 2 ml，用蒸馏水定容至 100 ml，置棕色瓶中保存。工作液：0.01 mg/ml。

思考题

1. 已知尿酸为嘌呤核苷酸分解代谢的产物。试比较嘌呤核苷酸与嘧啶核苷酸分解代谢的差异。

2. 体内尿酸的来源有哪些？为什么高尿酸有原发性与继发性的不同？

（蒋建伟）

实验二十三

血清中钙含量的测定

实验目的

1. 掌握测定血清中钙含量的原理和方法。
2. 了解血清钙含量测定的临床意义。

实验原理

无机元素对维持人体正常生理功能必不可少，钙是人体内含量最多的无机元素之一，仅次于碳、氢、氧、氮。成人血浆（或者血清）中的钙含量为 2.25~2.75 mmol/L（90~110 mg/L）。调节钙和钙代谢的激素主要有活性维生素 D、甲状旁腺激素和降钙素，三者共同作用使钙离子浓度处在一个正常的范围。血钙的正常水平对维持骨骼内骨盐的含量、血液凝固过程、调节多种酶的活性、维持细胞膜的完整性和通透性等方面具有重要的作用。

目前应用比较广泛的钙离子浓度的测定方法主要有 EDTA 络合滴定法和金属指示剂络合比色法，后者包括本实验所用的甲基麝香草酚蓝（methylthymol blue，MTB）法。其原理是：血清中的钙离子在碱性条件下与 MTB 结合，生成蓝色复合物，在 610 nm 下有最大吸收峰。在 MTB 溶液中加入适量的 8-羟基喹啉可消除镁、铜及镉离子对该测定的干扰。

$$Ca^{2+} + MTB \xrightarrow{pH\ 12} 蓝色复合物$$

在 610 nm 波长下测定吸光度。在一定浓度范围内，钙浓度与吸光度大小呈正比关系，将待测样品的吸光度与已知浓度的钙标准液的吸光度进行比较，即可求得血清总钙的含量。

$$血清总钙含量 = (A_{测定管}/A_{标准管}) \times 标准管的钙浓度$$

操作步骤

1. 取 3 只干净、干燥的试管，按表 23-1 准确量取各种试剂。

表 23-1　血清钙含量测定　　　　　　　　　　　　　　　　　　　　　单位：ml

试剂	试管编号		
	测定管	标准管	空白管
血清	0.05	—	—
钙标准液	—	0.05	—
去离子水	—	—	0.05
MTB 溶液	2.0	2.0	2.0
碱性溶液	2.0	2.0	2.0

2. 充分混匀，室温放置 5 min，在 610 nm 下测吸光度，用空白对照管进行吸光度调零，分别读取测定管和标准管的吸光度。

计算

$$血清总钙量含量（mmol/L）=（A_{测定管}/A_{标准管}）\times 2.5 \text{ mmol/L}$$

正常参考值范围

血清钙参考范围：成人：2.25～2.75 mmol/L（90～110 mg/L）

儿童：2.23～2.80 mmol/L（89～112 mg/L）

注意事项

1. MTB 既是一种优良的金属配合剂，也是酸碱指示剂。其水溶液在 pH 6.5～8.5 为浅蓝色，在 10.5～11.6 为灰色，在 12.7 以上为深蓝色。为保证测定结果的精密度和准确度，必须在强碱性环境进行显色反应（常采用 pH 12±0.3）。

2. MTB 溶液在 pH 小于 4.0 的酸性条件下稳定，而在碱性条件下不稳定，在空气中易氧化褪色，故显色剂不宜长期保存，应现用现配。

3. 为防止微量钙和其他金属离子的污染，玻璃器材使用前必须严格清洗。

4. 避免标本溶血。

临床意义

血清钙升高常见于甲状旁腺功能亢进、维生素 D 过多症、多发性骨髓瘤、肿瘤的广泛转移、结节病引起肠道过量吸收钙等情况。血清钙降低可引起神经肌肉应激性增强从而使手足搐搦，常见于甲状旁腺功能减退、维生素 D 缺乏、肾小管疾病、急性胰腺炎等。

实验器材和试剂

1. 器材　分光光度计、微量移液器、试管等。
2. 试剂

（1）MTB 溶液：称取 MTB 配合剂 152 mg，8-羟基喹啉 650 mg，聚乙烯吡咯烷酮（PVP）2.0 g，溶于二甲基亚砜（DMSO）100 ml 中，加去离子水定容至 1000 ml，调 pH 至 3.8~4.0。

（2）碱性溶液：称取 2-氨基-2-甲基-1,3-丙二醇 21 g，乙醇胺 200 ml，溶于去离子水并定容至 1000 ml，pH 约为 12.5。

（3）钙标准液（2.5 mmol/L）：精确称取经 110℃干燥 12 h 的碳酸钙 250 mg，置 1 L 容量瓶中，加稀盐酸（1 份浓盐酸加 9 份去离子水）7 ml 溶解后，加去离子水约 900 ml，然后用 500 g/L 醋酸铵溶液调 pH 至 7.0，最后加去离子水至刻度，混匀。

思考题

1. 利用 MTB 测定血清钙浓度时的注意事项是什么？
2. 血清钙测定对临床的指导意义是什么？

（陈万群）

实验二十四
血清中胆红素的定量测定（凡登白法）

实验目的

1. 掌握凡登白法的测定方法和原理。
2. 复习掌握血清胆红素的代谢。

实验原理

血清胆红素包括结合胆红素与未结合胆红素，其中结合胆红素是经肝细胞处理后生成的胆红素葡萄糖醛酸，其与重氮试剂（重氮苯磺酸）反应，生成红色的偶氮胆红素，这种反应称直接反应。未结合胆红素是未经肝细胞处理的胆红素，其侧链上的两个自由羧基及两个烯醇基之间形成氢键，故不能直接与重氮试剂起反应。未结合胆红素必须加入乙醇、甲醇或尿素等试剂使氢键破坏后，才能与重氮试剂反应生成红色偶氮胆红素，这种反应称间接反应。这两种反应的实验，又称凡登白试验（图 24-1）。

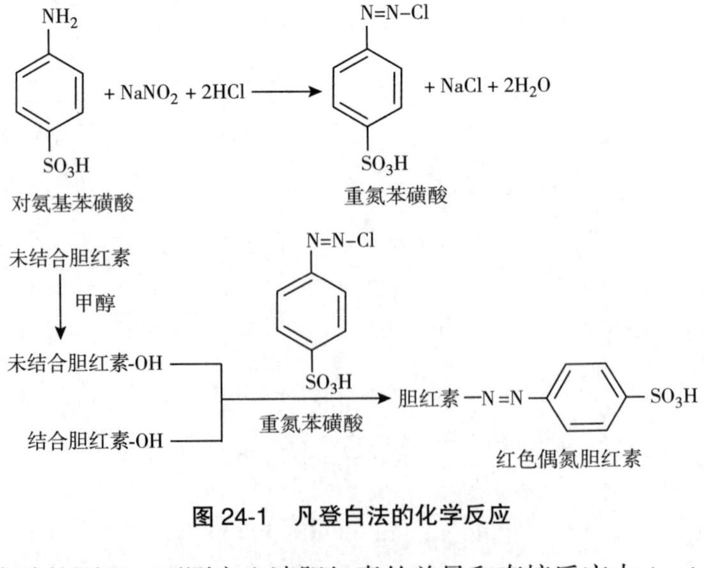

图 24-1 凡登白法的化学反应

利用这个实验的原理，可测定血清胆红素的总量和直接反应中 1 min 内显色的胆红素含量，后者大致相当于结合胆红素的含量。

实验二十四　血清中胆红素的定量测定（凡登白法）

本实验先以血清与重氮试剂作用 1 min 测定直接胆红素的含量，然后加入甲醇试剂测定总胆红素的含量。

操作步骤

1. 胆红素标准曲线的制作：取干净试管 7 支，按表 24-1 操作。

表 24-1　胆红素标准曲线溶液配制　　　　　　　　　　　　　　　　单位：ml

试剂	试管编号						
	空白	1	2	3	4	5	6
胆红素标准液（1 mg/dl）	—	0.1	0.2	0.4	0.6	0.8	1.0
重氮试剂	0.5	0.5	0.5	0.5	0.5	0.5	0.5
50%甲醇	4.5	4.4	4.3	4.1	3.9	3.7	3.5
胆红素含量（mg/dl）	0	0.1	0.2	0.4	0.6	0.8	1.0

混匀，15 min 后以 560 nm 波长比色，以空白调零，读取吸光度数。以胆红素含量（mg/dl）为横坐标，吸光度为纵坐标绘制标准曲线（图 24-2）。

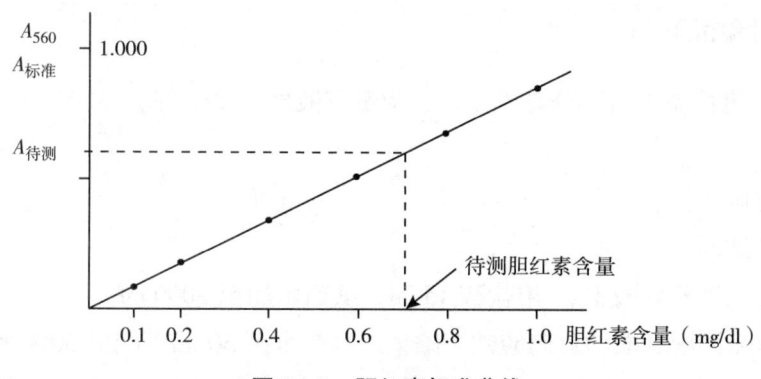

图 24-2　胆红素标准曲线

2. 直接胆红素和总胆红素测定：取 3 支干净试管，按表 24-2 操作。

表 24-2　直接胆红素和总胆红素测定　　　　　　　　　　　　　　　　单位：ml

试剂	试管编号		
	对照管	直接胆红素测定	总胆红素测定
血清	0.2	0.2	0.2
蒸馏水	4.3	4.3	2.8
重氮试剂	—	0.5	0.5
1.5%盐酸液	0.5	—	—
无水甲醇	—	—	1.5

直接胆红素测定管加入重氮试剂后，立即混匀，开动秒表计时，在 1 min 整时用 560 nm 波长进行比色，以对照管调零，读取吸光度值，对照标准曲线查出 1 min 胆红素含量（mg/dl）。总胆红素测定管加入甲醇后混匀，静置 15 min。同样用 560 nm 波长进行比色，读取吸光度值，对照标准曲线查出总胆红素含量（mg/dl）。

正常参考值范围

总胆红素：0.31～1.0 mg/dl（3.4～10.26 μmol/L）

直接胆红素：0～0.35 mg/dl（0～6.8 μmol/L）

注意事项

1. 血清标本必须新鲜，无溶血，如不能及时测定，应保存于 4℃。

2. 胆红素易被氧化，显色后颜色很快变浅，必须迅速操作，及时显色。本法呈色不够稳定，30 min 颜色即消退，故应在呈色后 10～30 min 之间比色。

3. 1 min 胆红素并不代表全部的直接胆红素，而是直接胆红素快速反应部分，故总胆红素减去 1 min 胆红素，并不等于间接胆红素。

实验器材和试剂

1. 器材　电恒温水浴、分光光度计、微量移液器、试管等。

2. 试剂

（1）新鲜血清。

（2）重氮试剂

甲液：对氨基苯磺酸 1 g，浓盐酸 15 ml，蒸馏水加至 1000 ml。

乙液：取未潮解变质的亚硝酸钠 25 g，加蒸馏水至 50 ml，配成 50% 亚硝酸钠，置冰箱保存。用时取 0.5 ml 再加蒸馏水至 50 ml，此溶液每周重配 1 次。临用前，吸取甲液 5 ml，加入乙液 0.15 ml，3 h 内有效。

（3）空白试剂：1.5% 盐酸溶液。

（4）甲醇或 95% 乙醇。

（5）胆红素标准应用液的配制：精确称取胆红素 10 mg 于称量皿中，用少量氯仿溶解，移入 100 ml 容量瓶，反复用少量氯仿冲洗称量皿一起倾入该容量瓶内，再加氯仿至 100 ml 刻度处，然后移入棕色试剂瓶，严密塞紧，作为胆红素标准储存液置冰箱中保存，此储存液为 0.1 mg/ml。在制备标准曲线时，将上述储存液用甲醇稀释 10 倍到 0.01 mg/ml（1 mg/dl），即为胆红素标准应用液。

（宇　丽　吴颜晖）

实验二十五
改良J-G法测定血清胆红素

实验目的

1. 学习了解改良 J-G 法测定血清胆红素的原理和方法。
2. 了解胆红素测定的临床意义。

实验原理

胆色素是体内铁卟啉类化合物的主要分离代谢产物，包括胆绿素、胆红素、胆素原和胆素。这些化合物主要随胆汁排出体外，其中胆红素居于胆色素代谢的中心，是人体胆汁中的主要色素。正常人每天可生成 250～350 mg 胆红素，其中约 80% 来自衰老红细胞破坏所释放的血红蛋白的分解。小部分胆红素来自造血过程中红细胞的过早破坏（无效红细胞生成），还有少量胆红素来自其他各种含血红素蛋白如细胞色素 P450。

改良 J-G 法也称为对氨基苯磺酸法，本实验用此法来测定血清中结合胆红素（直接胆红素）和总胆红素浓度。胆红素具有疏水亲脂的特性，极易穿过细胞膜进入血液。临床中检测总胆红素和结合胆红素是鉴别诊断黄疸类型的重要依据，也是反应肝功能的一项重要指标。

血清中总胆红素是非结合胆红素和结合胆红素的总和。血清中结合胆红素可直接与重氮试剂发生反应产生紫红色偶氮胆红素；血清中非结合胆红素在醋酸钠-咖啡因-苯甲酸钠试剂（咖啡因试剂）作用下，分子内氢键被破坏后，也能与重氮试剂反应，并产生紫红色偶氮胆红素。醋酸钠溶液可稳定反应体系的 pH 并兼有加速作用，反应结束后加入终止试剂叠氮钠以破坏重氮试剂，最后加入强碱性酒石酸钠溶液，使颜色不稳定的紫红色偶氮胆红素在咖啡因存在下转化为稳定的蓝色偶氮胆红素。反应结束后，在 600 nm 波长下测吸光度，然后根据吸光度大小从标准曲线查找总胆红素和结合胆红素的含量。

$$结合胆红素 + 重氮试剂 \longrightarrow 偶氮胆红素（紫红色）$$

非结合胆红素 + 咖啡因试剂 $\xrightarrow{\text{重氮试剂}}$ 偶氮胆红素（紫红色）

偶氮胆红素（紫红色）+ 碱性酒石酸钠 $\xrightarrow{\text{咖啡因试剂}}$ 偶氮胆红素（蓝色）

操作步骤

1. 样本的测定：取 3 支干净干燥的试管并做好标记，按表 25-1 操作。

表 25-1　改良 J-G 法测定血清胆红素　　　　　　　　　单位：ml

试剂	试管编号		
	总胆红素管	结合胆红素管	空白对照管
血清	0.2	0.2	0.2
咖啡因-苯甲酸钠试剂	1.6	—	1.6
对氨基苯磺酸溶液	—	—	0.4
重氮试剂	0.4	0.4	—
即时混匀，总胆红素管置于室温下 10 min，结合胆红素管置于 37℃下 1 min			
5.0 g/L 叠氮钠溶液	—	0.05	—
咖啡因-苯甲酸钠试剂	—	1.55	—
碱性酒石酸钠溶液	1.2	1.2	1.2

混匀后，600 nm 波长处，对照管调零，读取各管吸光度。

2. 标准品测定：取 6 支试管编号，按表 25-2 配制 5 种不同浓度的胆红素标准液。

表 25-2　改良 J-G 法测定血清胆红素标准液配制表　　　　　　单位：ml

试剂	试管编号					
	对照管	1	2	3	4	5
胆红素标准储备液	—	0.4	0.8	1.2	1.6	2.0
混合血清稀释剂	2.0	1.6	1.2	0.8	0.4	—
咖啡因-苯甲酸钠试剂	1.6	1.6	1.6	1.6	1.6	1.6
重氮试剂	0.4	0.4	0.4	0.4	0.4	0.4
即时混匀，室温下 10 min						
碱性酒石酸钠溶液	1.2	1.2	1.2	1.2	1.2	1.2
胆红素浓度（μmol/L）	0	31.2	68.4	103	137	171

以上各管充分混匀,600 nm 波长处,对照管调零,读取各管吸光度。

3. 绘制标准曲线,查找总胆红素和结合胆红素的浓度。以不同浓度标准管的吸光度为纵坐标,以相应的胆红素浓度为横坐标,绘制出标准曲线。根据步骤 1 测得的吸光度,从标准曲线上查出血清总胆红素和结合胆红素的浓度(图 25-1)。

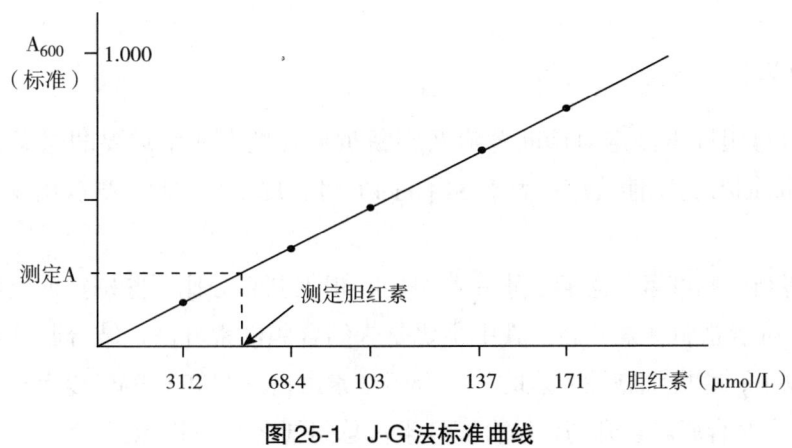

图 25-1　J-G 法标准曲线

正常参考值范围

血清中成人总胆红素的正常浓度为 1.7～17 μmol/L

结合性胆红素的正常浓度为 0～7.32 μmol/L

非结合胆红素的正常浓度为 0～13.68 μmol/L

婴儿的胆红素的正常值与成人略有不同,婴儿胆红素的正常值的范围是:

总胆红素:3.4～17.1 μmol/L

结合胆红素:0～6.8 μmol/L

非结合胆红素:1.7～10.2 μmol/L

婴儿生理性黄疸的血清总胆红素为:

足月儿不超过 204 μmol/L

早产儿不超过 255 μmol/L,一般 2～3 周黄疸逐渐消退

注意事项

1. 胆红素对光敏感,标准品及标本均应尽量避光。

2. 轻度溶血无影响,但严重溶血可使总胆红素测定值偏低。脂血和脂溶色素对测定有干扰,应尽量取空腹血。

3. 本法在 10～37℃范围内测定,不受温度变化的影响,2 h 内呈色非常稳定,灵敏度较高。

4. 叠氮钠能破坏重氮试剂，终止偶氮反应，故血清不能用叠氮钠作为防腐剂。

5. 本法灵敏度高，抗干扰能力强，是测定胆红素的参考方法，缺点是不便于上机分析。

6. 本法线性范围可达 342 μmol/L，胆红素含量超过 342 μmol/L 时，应稀释或减少标本用量后重测。

临床意义

1. 血清总胆红素测定对诊断黄疸及判断黄疸程度有非常重要的意义，总胆红素 17.1～34.0 μmol/L 为隐性黄疸；大于 34 μmol/L 时，皮肤、黏膜、巩膜出现黄染，称临床黄疸。

2. 血清结合胆红素与总胆红素一起测定，根据其百分比可鉴别黄疸类型：①溶血性黄疸时，血清总胆红素升高，其中主要是未结合胆红素升高，结合胆红素只占总胆红素 20% 以下；②肝细胞性黄疸时，结合胆红素可占总胆红素 35% 以上；③阻塞性黄疸时，主要是结合胆红素升高，结合胆红素占总胆红素 50% 以上。

3. 结合胆红素升高而总胆红素含量变化不大时，可见于病毒性肝炎前期或无黄疸型肝炎、胆道部分阻塞或肝癌。

4. 再生障碍性贫血、癌症或慢性肾炎所致的继发性贫血时，血清总胆红素可见降低。

实验器材和试剂

1. 器材　分光光度计、微量移液器、电热恒温水浴、试管等。

2. 试剂

（1）咖啡因 - 苯甲酸钠试剂：无水醋酸钠 41.0 g，苯甲酸 38.0 g，EDTA-Na_2 0.5 g，溶于约 500 ml 的去离子水中，再加入咖啡因 25.0 g，搅拌至完全溶解，然后加去离子水稀释至 1 L，混匀，过滤，置于棕色试剂瓶中，室温保存可稳定 6 个月。

（2）72.5 mmol/L 亚硝酸钠溶液：亚硝酸钠 5.0 g，加去离子水溶解并稀释定容至 100 ml，混匀后置于棕色瓶中，冰箱保存，稳定期不少于 3 个月。临用前取上述母液作 10 倍稀释成 72.5 mmol/L，冰箱保存，稳定期不少于 2 周。若发现溶液呈淡黄色时，应丢弃重配。

（3）28.9 mmol/L 对氨基苯磺酸溶液：对氨基苯磺酸 5.0 g，加入约 800 ml 去离子水中。加浓盐酸 15 ml，待完全溶解后，加蒸馏水定容至 1 L。

（4）重氮试剂：临用前取 0.5 ml 试剂（2）与 20 ml 试剂（3）混匀而成。

（5）5.0 g/L 叠氮钠溶液：叠氮钠 0.5 g，用去离子水溶解并稀释至 100 ml。

（6）碱性酒石酸钠溶液：氢氧化钠 75.0 g，酒石酸钠·$2H_2O$ 263 g，加蒸馏水溶解并稀释至 1 L，混匀，置塑料瓶中，室温保存可稳定 6 个月。

（7）171 μmol/L 胆红素标准储备液

1）目前常用人混合血清配制非结合胆红素标准溶液。对人混合血清的要求：收集不溶血、无黄疸、清晰的血清作为混合血清稀释剂，必要时可用滤菌器过滤。混合血清稀释剂应符合下列要求：混合血清 1.0 ml，加生理盐水 24 ml，混匀，在分光光度计中，比色皿光径 1 cm，波长 414 nm，用生理盐水调零，读取的吸光度应小于 0.100，波长 460 nm 处读取的吸光度应小于 0.040。

2）称取符合标准的纯胆红素 10.0 mg，加二甲基亚砜 1 ml，搅拌成混悬液。加入 0.05 mol/L 碳酸钠溶液 2 ml，使胆红素完全溶解后，缓慢移入已预先加入混合血清稀释剂约 80 ml 的 100 ml 容量瓶中，边加边混匀，尽量避免产生泡沫，然后补加混合血清，稀释至刻度，混匀。该标准液应避光置 4℃ 冰箱，3 天内有效。但是要求配制后尽快绘制标准曲线。

（8）血清。

思考题

血清胆红素测定的临床意义是什么？

（陈万群）

实验二十六
血清肌酐含量测定（苦味酸法）

实验目的

1. 学习和掌握苦味酸法测定血清肌酐含量的原理与方法。
2. 了解血清肌酐测定的临床意义。

实验原理

血清中的肌酐在碱性溶液中与苦味酸作用，生成橙红色的苦味酸肌酐复合物，与同样处理的标准液比色，可进行定量测定。其反应式见图 26-1。

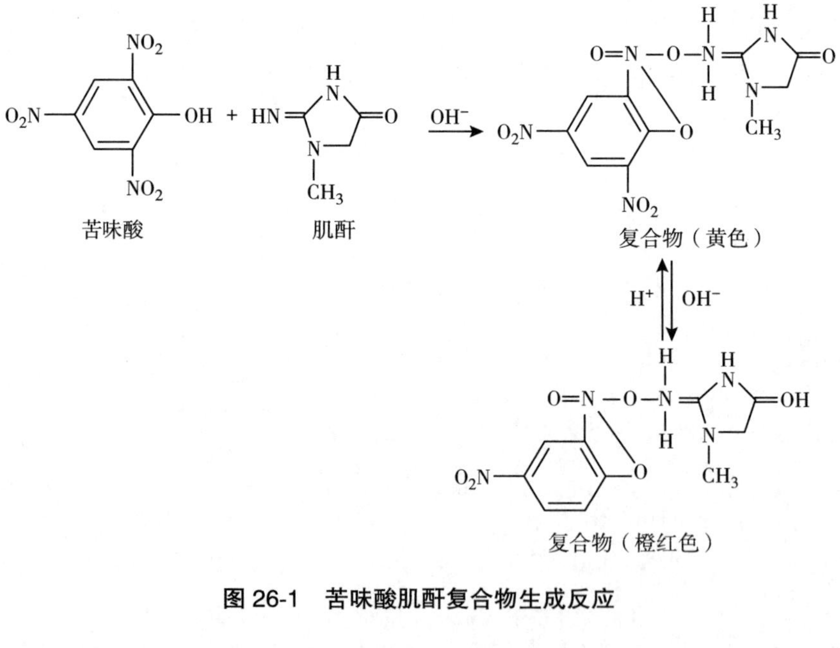

图 26-1 苦味酸肌酐复合物生成反应

在肾有实质性损害时，血清肌酐值增高，肌酐值高至 180~360 μmol/L，提示为中等度到严重的肾损害。所以血肌酐测定对晚期肾病临床意义较大。

操作步骤

在血清 1 ml 中加入 10% 钨酸钠溶液 1 ml，1/3 mol/L 硫酸 1 ml 及蒸馏水 1 ml。充分混匀，以 3000 r/min 离心 5 min，取上清液（即血清无蛋白滤液）。按表 26-1 进行操作。

表 26-1 苦味酸法测定血清肌酐含量　　　　　　　　　　　　　　　　单位：ml

试剂	试管编号		
	空白管	标准管	测定管
蒸馏水	4.0	3.5	2.0
肌酐应用标准液	—	0.5	—
无蛋白血滤液	—	—	2.0
苦味酸液	1.0	1.0	1.0
氢氧化钠液	1.0	1.0	1.0

混合后，室温放置 15 min，用 520 nm 波长进行比色，以空白管调零点，读取各管吸光度读数 A。

计算

$$血清肌酐（mg/L）= \frac{测定管吸光度}{标准管吸光度} \times 0.01 \times \frac{100}{0.5}$$

$$= \frac{测定管吸光度}{标准管吸光度} \times 2$$

正常值：男 6~12 mg/L（53~106 μmol/L）

女 5~11 mg/L（44~97 μmol/L）

实验器材和试剂

1. 器材　离心机、分光光度计、微量移液器、试管等。
2. 试剂

（1）0.04 mol/L 苦味酸液：称取苦味酸（A.R）约 9.3 g，溶于 80℃蒸馏水 500 ml 中，冷却至室温，加蒸馏水至 1000 ml。吸取上述溶液 10 ml，加酚酞指示剂 1~2 滴，用 0.1 mol/L NaOH 滴定，至溶液变棕红色为终点（用 3.8~4.0 ml 0.1 mol/L NaOH），相当于 0.04 mol/L 苦味酸液。

（2）0.75 mol/L 氢氧化钠：称取氢氧化钠（A.R）30 g，加蒸馏水使之溶解，冷却后，用蒸馏水稀释至 1000 ml。

（3）肌酐贮存标准液（1 mg/ml）：精确称取肌酐（A.R）0.100 g，以少量 0.1 mol/L 盐酸溶解，并转移入 100 ml 容量瓶内，再以 0.1 mol/L 盐酸稀释至刻度。保存于冰箱。

（4）肌酐应用标准液（0.02 mg/ml）：准确吸取肌酐贮存标准液 2.0 ml，加入 100 ml 容量瓶内，以蒸馏水稀释至刻度，加氯仿数滴防腐。

（5）10%钨酸钠溶液。

（6）1/3 mol/L 硫酸溶液。

思考题

1. 体内肌酐是如何形成的？
2. 血液及尿中肌酐增高的临床意义是什么？

（宇　丽　贾红玲）

实验二十七
猪脾DNA的提取和鉴定

实验目的

1. 掌握 DNA 提取的原理和方法。
2. 掌握核酸组成成分鉴定的基本方法。

实验原理

制备基因组 DNA 是研究基因结构和功能的重要步骤，有效制备大分子 DNA 的方法都要考虑两个原则：第一，防止和抑制内源 DNA 酶（DNase）对 DNA 的降解，可以通过加入一定浓度金属螯合剂（如 EDTA、柠檬酸）及低温来抑制内源 DNA 酶对 DNA 的降解；第二，尽量减少对溶液中 DNA 的机械剪切破坏，即当 DNA 处于溶解状态时，要尽量减弱溶液的涡旋，动作应轻柔，在进行 DNA 溶液转移时用大口（或剪口）吸管，尽量减少对 DNA 的机械破坏。

虽然理论上每一种动物组织都可用于 DNA 的提取，但在实践中，由于以下原因某些类型的组织不太适合：

1. 富含脱氧核糖核酸酶（DNase），而且酶活性很难被抑制，会导致在 DNA 提取的早期阶段就可能损伤降解 DNA，如胰腺。
2. RNA、蛋白质、多糖等其他成分与 DNA 的高比例会使纯化过程繁琐，如鸡蛋。
3. DNA 和蛋白质之间结合紧密，会增加 DNA 提取的难度，如哺乳动物的精子。

综合上述因素，胸腺是提取 DNA 的合适组织来源。该组织中 DNase 含量低，且可通过以下所述 DNA 提取步骤减少其对 DNA 的损伤作用。与其他成分相比，所含 DNA 的比例高，可以很容易地提取出来。在实际应用中，由于胸腺来源短缺，猪脾更容易获得，而且猪脾细胞核含量也高，可以代替胸腺提取 DNA。

为了破碎组织和细胞膜，将适量脾在冷的氯化钠-柠檬酸盐溶液中匀浆，可以抑制 DNase 的活性，避免 DNA 的酶解。DNA 和 RNA 与蛋白质结合在一起，分别称为 DNP 或 RNP。其中 DNP 能溶于水及高浓度盐溶液中，但在 0.14 mol/L 盐溶液中溶解度很低，而 RNP 则可溶于低盐溶液中。因此，可以用不同浓度的 NaCl 溶液将它们分别沉淀出来。SDS 可以破细胞膜和核膜，也可以将 DNP 分离为 DNA 和蛋白质并使蛋白质变性。苯酚 - 氯仿 - 异戊醇可以去除蛋白，得到较纯净的 DNA。苯酚是较好的蛋白质变性剂，不仅能有效去除蛋白，也可以使核酸从核蛋白中分离。氯仿也是一种蛋白质变性剂。此外，氯仿还能加速有机相与液相的分层，可以消除核酸溶液中的少量苯酚。在氯仿中加入少许异戊醇能稳定界面，减少蛋白质变性操作过程中产生的气泡。用苯酚 - 氯仿 - 异戊醇处理样品以后离心，可得到三层：上层水相是含有 DNA 的上清液；变性的蛋白质沉淀在中间层；下层为苯酚氯仿异戊醇有机相（图 27-1）。吸取含有 DNA 的上清，加入 2 倍体积的无水乙醇，即可得到沉淀 DNA。

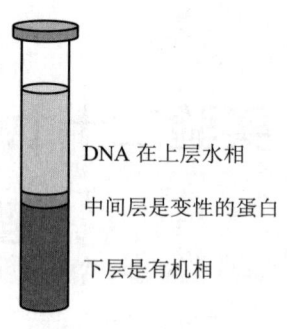

图 27-1　苯酚 - 氯仿 - 异戊醇抽提 DNA

在加热条件下，DNA 可以被硫酸水解，生成嘌呤碱基、嘧啶碱基、磷酸和脱氧核糖。①嘌呤碱可与硝酸银反应生成灰色絮状嘌呤银沉淀。②磷酸与钼酸铵反应生成磷钼酸，然后在还原剂氨基萘酚磺酸的作用下，生成蓝色的钼蓝。③脱氧核糖在硫酸中生成 ω - 羟基 - γ - 酮基 - 戊醛，可与二苯胺反应在加热条件下生成蓝色产物。

$$\text{嘌呤碱} + AgNO_3 \xrightarrow{OH^-} \text{嘌呤银沉淀}$$

$$12(NH_4)_2MoO_4 + H_3PO_4 \xrightarrow{9H_2O + 24NH_3} \underset{\text{磷钼酸}}{H_3PO_4 \cdot 12MoO_4 \cdot 3H_2O} \xrightarrow[\triangle]{\text{氨基萘酚磺酸}} \text{钼蓝}$$

$$\text{脱氧核糖} \xrightarrow{H_2SO_4} \omega\text{- 羟基 -}\gamma\text{- 酮基} - \text{戊醛} \xrightarrow[\triangle]{\text{二苯胺}} \text{蓝色化合物}$$

操作步骤

1. DNA 提取

（1）称取 50 g 猪脾，立即用匀浆器在 180 ml 冰冻 NaCl- 柠檬酸盐溶液中匀浆 1 min。

（2）用两层纱布过滤，以去除猪脾中的血块等。

（3）取滤液 3 ml，2000 r/min 离心 10 min，可见表面有一层脂肪浮于表面，可与上清一起去除。

（4）将残留物洗 2 次，每次悬浮在 8 ml 冰冻 NaCl- 柠檬酸盐溶液中（避免剧烈混合）即可，然后以 2000 r/min 的速度离心 5 min。

（5）将沉淀悬浮在 3 ml 的 TEN 中，一滴一滴地加入 1 ml 5% SDS，轻轻混匀，室温静置 10 min。

（6）加入等体积的苯酚-氯仿-异戊醇（体积比25∶24∶1）溶液，2000 r/min 离心 10 min。

（7）收集上清液并转移到 100 ml 烧杯中，慢慢加入 2 倍体积的冷的无水乙醇，同时用玻璃棒进行同向慢慢搅动，黏稠状的 DNA 沉淀缠绕在玻璃棒上。

（8）将缠绕在玻璃棒上的 DNA 连同玻璃棒一起转移到玻璃试管，加入 4 ml 5% H_2SO_4，将带有橡胶塞的玻璃管塞住，沸水浴加热 15 min 水解 DNA。

2. DNA 鉴定

（1）嘌呤碱鉴定

1）准备 3 支干净的玻璃试管，每管分别加入 20 滴样品 DNA 水解产物、标准 DNA 水解产物和 5% H_2SO_4（阴性对照）。

2）向每支试管中加入 10 滴浓 NH_4OH，使溶液呈微碱性。

3）在每支试管中加入 10 滴 5% $AgNO_3$，混合，混合后立即观察和 15 min 后观察。

（2）磷酸的鉴定

1）准备 3 支干净的玻璃试管，每支试管中分别加入 20 滴样品 DNA 水解产物、标准 DNA 水解产物和 5% H_2SO_4（阴性对照）。

2）向每支试管中加入 5 滴钼酸铵溶液和 10 滴氨基萘酚磺酸试剂，混合，在沸水浴中加热 2~3 min。

（3）脱氧核糖的鉴定

1）准备 3 支干净的玻璃试管，每支试管中分别加入 20 滴样品 DNA 水解产物、标准 DNA 水解产物和 5% H_2SO_4（阴性对照）。

2）向每支试管中加入 5 滴二苯胺溶液，混合，在沸水浴中加热 10 min。

（4）观察、记录 3 组 DNA 鉴定实验结果并得出实验结论。

实验器材和试剂

1. 器材　微量移液器、电热恒温水浴、试管、搅拌棒、微型振荡器、烧杯等。

2. 试剂

（1）新鲜猪脾。

（2）0.1 mol/L NaCl/0.05 mol/L 柠檬酸钠，pH 7.4：称量 NaCl 5.844 g，柠檬酸钠 14.7055 g，蒸馏水定容于 1000 ml，1 mol/L NaOH 调节 pH 为 7.4。

（3）TEN 溶液（10 mmol/L Tris-HCl pH 8.0/1 mmol/L EDTA/ 100 mmol/L NaCl）：Tris 相对分子量为 121.14，称取 1.2114 g Tris 加入到含 980 ml 蒸馏水的烧杯中搅拌溶解，然后再称取 372.24 mg EDTA 加入溶液中搅拌溶解，最后加入 5.844 g NaCl 搅拌溶解。转至 1000 ml 容量瓶中，蒸馏水定容至 1000 ml，HCl 调节 pH 为 8.2，最后转到棕色瓶中保存备用。

（4）无水乙醇。

（5）75%乙醇。

（6）5% H_2SO_4。

（7）5% $AgNO_3$。

（8）标准 DNA：DNA 干粉加入 5% H_2SO_4，沸水浴加热 15 min。制备标准 DNA 溶液（浓度 150 mg/100 ml）。

（9）丙酮。

（10）5% SDS。

（11）钼酸铵：称钼酸铵 7.5 g，用 100 ml 蒸馏水溶解，加入浓 H_2SO_4 24.9 ml，定容至 300 ml。

（12）二苯胺：称 3 g 二苯胺，溶于 300 ml 冰醋酸中，加入浓 H_2SO_4 8.25 ml。

（13）氨基萘酚磺酸：称取氨基萘酚磺酸 0.5 g，加入 15% $NaHSO_3$ 溶液 195 ml 及 20% $NaHSO_3$ 溶液 5 ml，加热搅拌，使之溶解，冷却保存，同时稀释 10 倍。

（14）酚 - 氯仿 - 异戊醇：酚、氯仿、异戊醇按照体积比 25∶24∶1 混匀即可。

（15）浓缩 NH_4OH。

思考题

1. 本实验为什么选择猪脾作为 DNA 提取的材料？
2. DNA 提取中要注意哪些？
3. DNA 提取中所用试剂的作用是什么？
4. 在本实验中，如何鉴定从猪脾中提取的物质为 DNA？

（陈万群）

实验二十八
质粒DNA的提取、纯化和鉴定

实验目的

1. 掌握质粒 DNA 的提取、纯化的基本原理和方法。
2. 掌握质粒 DNA 酶切、琼脂糖凝胶电泳的方法。

实验原理

1. 质粒（plasmid）：质粒广泛存在于许多原核生物中，是一类独立于染色体之外能进行自我复制的稳定的遗传单位（图28-1）。与染色体 DNA 相比，质粒结构简单，分子大小不等。小的不到 1.0×10^6 道尔顿，大的则超过 2.0×10^8 道尔顿。它含有某些宿主染色体所没有的遗传信息，编码某些功能蛋白质，表达某种遗传性状，如抗药性（抗氨苄青霉素、抗卡那霉素等），耐受重金属等，即很多质粒往往都赋予其宿主细胞一定的表型。有些还不知道赋予宿主细胞什么表型的质粒，称隐蔽质粒。

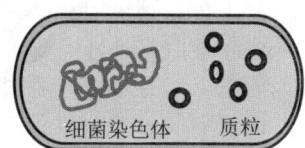

图 28-1　质粒 DNA

按复制的特点不同，质粒可分为严紧型质粒与松弛型质粒。严紧型质粒的复制与宿主染色体复制同步进行，因而一个宿主细胞中只有一个或几个质粒拷贝。当宿主蛋白合成被抑制，染色体复制停止，严紧型质粒的复制也停止；另一类质粒在一个宿主细胞中可有 10～200 多个质粒拷贝，这些质粒的复制受"松弛型控制"。当宿主蛋白质合成受抑制（如加入氯霉素），染色体复制停止时，这类质粒仍可大量复制。此时，一个宿主细胞中质粒数目可多至数千个拷贝。

2. 质粒常被用作基因工程的载体：由于质粒具有以下三个特点，使之成为基因工程中常用的载体（图28-2）。①质粒具有自主复制起始点，使质粒能在宿主细胞中自主复制，这样可以使携带的外源 DNA 片段得到同步扩增。②质粒上可有抗药性等可选择标志，便于区分含有质粒和不含质粒的宿主细胞。③有多个限制性核酸内切酶的单一酶切位点，可供外源基因插入质粒载体。限制性核酸内切酶是一类能识别和切割双链 DNA 分子内特定碱基顺序的核酸内切酶，为原核生物特有。限制性内切酶可分为3种类型：Ⅰ、Ⅱ和Ⅲ型。Ⅰ型在DNA链上的识别位点和切割部位不一致，没有固定的切割位点，不产生特异片段。Ⅲ型能在DNA链上的特异位点切割，其切割位点在识别位点之外。Ⅱ型是目前常用的限制性核酸内切酶，其有高度特异的碱基识别序列和切割位点，可产生特异的DNA片段，它是基因工程中剪切DNA分子的常用工具酶。

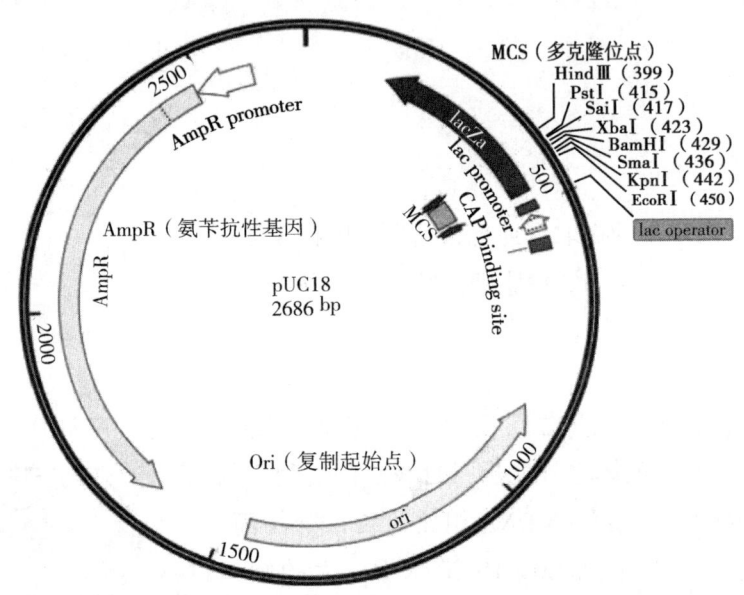

图 28-2　pUC18 质粒结构示意图（包括载体三要点）

3. 质粒 DNA 提取：质粒 DNA 提取有不同方法，本实验中采用碱裂解法提取。首先向经离心收集的菌体中加入溶液Ⅰ（葡萄糖 50 mmol/L，Tris-HCl 25 mmol/L，pH 8.0 EDTA 10 mmol/L），使菌体沉淀成为均匀的菌体溶液。然后加入溶液Ⅱ（0.2 mol/L NaOH-1% SDS 溶液），在 pH 12.0～12.6 碱性环境中，大分子量细菌染色体 DNA 变性，而共价闭环质粒 DNA 仍为自然状态。加入溶液Ⅲ（混合 5 mol/L 醋酸钾 60 ml，冰醋酸 11.8 ml，双蒸水 28.2 ml 即成），将 pH 调至中性并有高盐浓度存在的条件下，染色体 DNA 之间交联形成不溶性网状结构，大部分 DNA 和蛋白质在去污剂 SDS 的作用下形成沉淀，而质粒 DNA 仍为可溶状态，通过离心可除去大部分细胞碎片、染色体 DNA、RNA 及蛋白质，质粒 DNA 尚在上清中，再用酚氯仿抽提进一步纯化质粒 DNA。

4. 质粒 DNA 浓度测定：DNA 浓度测定常用分光光度计或溴乙锭荧光法（半定量法），本实验采用半定量法，即将提取的质粒 DNA 样品适量点在含有溴化乙锭的琼脂糖凝胶的指定区域，同时将一系列的已知浓度的 DNA 标准品点在凝胶指定区域，避光保存约 1 h，凝胶成像仪下观察并拍照保存。与样品亮度最相近的标准品浓度就是待测质粒 DNA 的浓度（图 28-3）。

5. 质粒 DNA 酶切鉴定：本实验欲提取的质粒为大肠埃希菌 DH5α 中的 pEC － CT 重组质粒（图 28-4），该质粒携带有 CD/TK 基因片段，分子大小为 8 Kb。该质粒含有限制性内切酶 Hind Ⅲ 和 BamH Ⅰ 的单一酶切位点。用 Hind Ⅲ 酶切，环状质粒会被切开成一个长度为 8 Kb 的线状双链 DNA，用 Hind Ⅲ 和 BamH Ⅰ 进行双酶切，可将质粒切成两个片段，一个长度为 1.2 Kb 的 CD 基因片段，另一个片段长 6.8 Kb。酶切完成以后，可以将适量质粒原液、单酶切

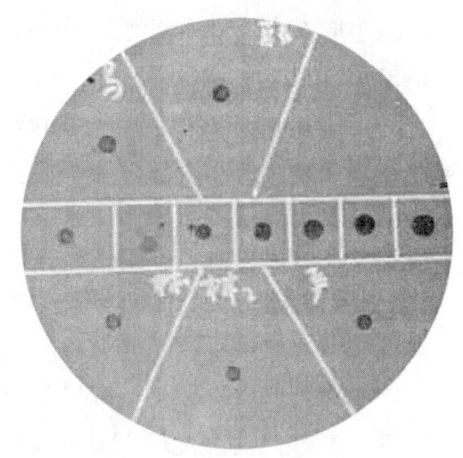

图 28-3　质粒 DNA 浓度的半定量测定

和双酶切样品在 1% 琼脂糖凝胶中电泳检测分析（图 28-5）。未经酶切的质粒，一般可分为三条带：超螺旋型泳动最快，线性次之，松弛型最慢。如 RNA 未除净，前面会有片状荧光。

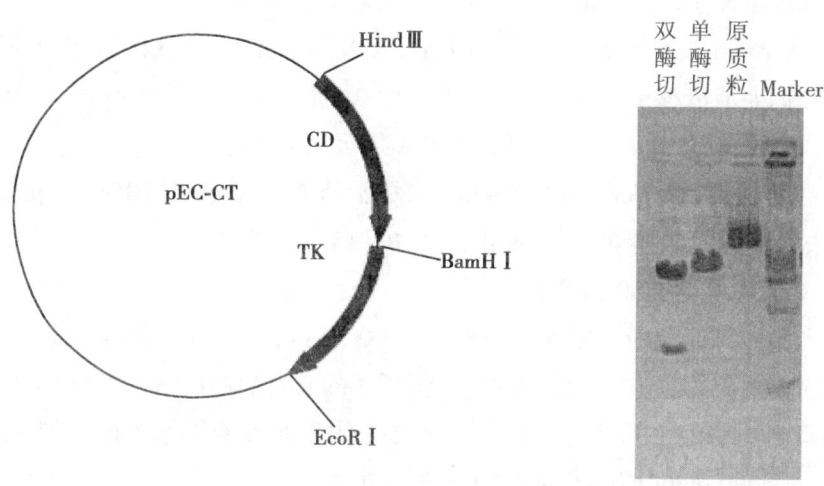

图 28-4　pEC-CT 结构图　　图 28-5　质粒原液、单酶切和双酶切电泳结果

操作步骤

1. 细菌培养及菌体收集

（1）细菌（转化菌）培养与质粒扩增（约 48 h）：至 –20℃ 冰箱取出保存菌（pEC-CT/DH5α 大肠埃希菌）0.3 ml，加至含 AMP（50 mg/ml）的培养液 10 ml 中。37℃ 200 r/min 摇过夜，待其生长至一定数量后，次日早晨 10 点左右转扩 1 次，6 h 后加入氯霉素，继续培养至次日早晨以扩增质粒。

（2）取6个1.5 ml EP管，分别加细菌培养液1.4 ml，9000 r/min离心2 min，吸去上清液。

（3）用800 μl STE液（先加600 μl 依次混悬，再用200 μl 依次清洗1次），经过两轮依次混悬各管，全部合并至最后1支1.5 ml EP管中，室温9000 r/min离心1 min，去上清。

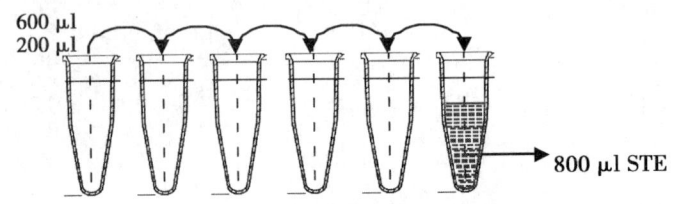

图28-6　合并6管收集STE混悬液

2. 碱裂解法提取质粒DNA及纯化

（1）将细菌沉淀悬于200 μl溶液Ⅰ（含RNase）中，均匀悬浮，置冰浴3 min。

（2）加入溶液Ⅱ 400 μl，颠倒混匀5～10次，置冰浴5 min（不宜太剧烈）。

（3）加入溶液Ⅲ 300 μl，充分混合均匀，置冰浴10 min。

（4）12 000 r/min离心3 min，染色质DNA及大部分蛋白质均被沉淀积于管底。

（5）小心把上清液移至一新的EP管中，加0.6倍体积（约为540 μl）异丙醇，倒转混合均匀，室温放置10 min，此时质粒DNA即沉淀下来。

（6）室温离心12 000 r/min离心5 min，弃去上清液，（沉淀用70% 500 μl乙醇洗涤1次。可省去此步骤）。尽量沥干，室温干燥10～15 min。

（7）加入TE缓冲液500 μl以溶解沉淀。

（8）加入等体积饱和酚，振摇1 min，12 000 r/min离心5 min，吸取上清液于另一管中，再加入等体积的氯仿-异戊醇抽提，振摇1 min，12 000 r/min离心5 min。

（9）分离出上清液，并估计其量。加入2倍体积的预冷无水乙醇，置-20℃冰箱30 min以上，12 000 r/min离心5 min。去上清，干燥。

（10）加TE缓冲液50 μl充分溶解质粒沉淀，此为质粒提取液用于后续的鉴定。

3. 质粒DNA浓度测定

（1）取40 ml TAE缓冲液，置小烧杯中加热，加入0.4 g琼脂糖粉，至琼脂糖粉完全溶解成透明溶液。

（2）待其溶液稍冷（65～70℃），按照每10 ml琼脂糖溶液加入1 ml核酸染料Gelstain的比例加入Gelstain，混匀，倒在预先用胶布封好两边的有机玻璃板上，冷却至室温，约1 h凝固后即可使用。

（3）用加样枪吸取标准DNA溶液，分别吸取1 μl点于制好的琼脂糖平板上（按浓度梯度次序），标准DNA溶液的浓度依次为1.0、0.5、0.25、0.1、0.05、0.025和

0.01 μg/μl。

（4）吸取质粒提取液 1 μl，滴加于琼脂板。如样品浓度大，可适当稀释再测。

（5）避光室温保存 1 h 后，在紫外灯下观察各点荧光强弱，与标准浓度的 DNA 进行比较，从而估计质粒 DNA 提取液的浓度。也可拍照后再比较。

4. 限制性内切酶酶切鉴定质粒 DNA

（1）分别取 2 个 0.5 ml EP 管，做好单酶切、双酶切标记，按表 28-1 依次加入以下试剂。

表 28-1　质粒单、双酶切反应体系配制表　　　　　　　　　　　　单位：μl

试剂	试管编号	
	双酶切反应管	单酶切反应管
质粒提取液	5	5
10 × buffer	2.5	2.5
*Hin*D Ⅲ	1	1
*Bam*H Ⅰ	1	
双蒸水	15.5	16.5

混匀各管，37℃酶切 1~1.5 h。

5. 质粒 DNA 及质粒 DNA 酶切产物电泳

（1）制胶：称取 0.8 g 琼脂糖粉，加入 80 ml TAE 缓冲液。其余制备同步骤 3。胶板倒胶前，预先放置一梳齿板，距板底面 1 mm（先用一薄塑料片垫底，倒胶时轻轻取出，注意不要移动梳齿板），室温 1 h 左右，凝胶凝固后，取出梳齿板备用。

（2）上样：将制好的胶板浸入电泳槽中，电泳液高度以浸过胶面 1~2 mm 为宜。每个样品 10 μl 加 2 μl 上样缓冲液，混匀后用加样枪把样品加入到琼脂糖凝胶的胶孔中。每组上样 3 个样品，即质粒提取液、质粒 *Hind* Ⅲ 酶切液、质粒 *Hind* Ⅲ + *BamH* Ⅰ 酶切液，每行胶孔留一个胶孔加入 DNA marker 6 μl。

（3）电泳：开启电源，100 V 电泳 30 min，断开电源。观察电泳结果：紫外灯下观察或者凝胶成像仪下检测，与 DNA marker 中的条带比较，估计分子量大小及含量。本次实验所用 DNAmarker 为 DL15 000，包含 15 000、10 000、7500、5000、2500、1000、250 bp 共 7 条带（图 28-7）。

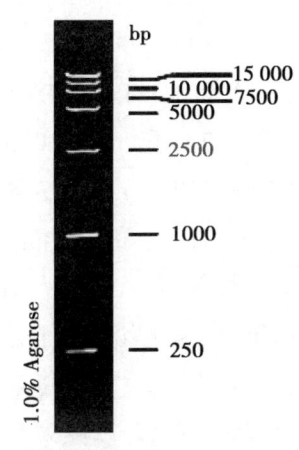

图 28-7　DL15 000 DNA marker

6. 实验结果处理：将质粒 DNA 半定量浓度测定的拍照结果及质粒 DNA 原液、单酶切、双酶切电泳拍照结果打印并附在实验报告纸上，并对自己的结果进行标注。分析、讨论实验结果并做出结论。

注意事项

1. 每组同学取菌液前要摇匀后再取。

2. 在收集到菌液以后，加入溶液 I 以后，一定要形成均匀的菌体溶液之后，才能加入 SDS。

3. 加入溶液 II 后，操作必须温柔，且作用时间不能超过 5 min，否则基因组 DNA 会断裂。断裂的基因组 DNA 会混入质粒 DNA 中。

4. 质粒 DNA 提取及纯化过程中，多次出现吸取上清液的步骤，此时应遵循宁缺毋滥原则，不能吸取到下层溶液。

5. 酶切实验中一定要确保限制性内切酶加入到反应体系中。

6. 电泳时一定要注意正负极，确保加样端靠近负极。注意电泳过程的安全，断电以后再取凝胶。

实验器材和试剂

1. 器材　电热恒温水浴、微量移液器、EP 管、量筒、冰、离心机、恒温摇床等。

2. 试剂

（1）溶液 I：葡萄糖 50 mmol/L（4.955 g/500 ml），Tris-HCl 25 mmol/L（1.514 g/500 ml），EDTA 10 mmol/L（EDTA-Na_2 1.862 g/500 ml），pH 8.0。高压灭菌，4℃保存。

（2）溶液 II：0.2 mol/L NaOH 和 1% SDS 混合，用前新鲜配制。

（3）溶液 III：将 60 ml 的 5 mol/L 乙酸钾和 11.8 ml 冰醋酸混合，加入 28.2 ml 双蒸水定容为 100 ml。

（4）STE 缓冲液：0.1 mol/L NaCl（2.922 g/500 ml），10 mmol/L Tris-HCl（605.7 mg/500 ml）和 1 mmol/L EDTA（EDTA-Na_2 186.2 mg/500 ml），调 pH 为 7.8。

（5）TE 缓冲液：10 mmol/L Tris-HCl（0.605 g/500 ml 和 1 mmol/L EDTA（EDTA-Na_2 186.2 mg/500 ml），pH 为 8.0。

（6）Tris 饱和酚溶液：Tris-HCl（pH 为 8.0）饱和过的重蒸酚，为浅黄色透明液体，有刺激性气味，上层为 Tris 盐酸缓冲液，pH>7.8，下层为酚相，内加有抗氧化的 8-羟基喹啉。Tris 饱和酚用于分离 DNA。Tris 饱和酚的配制：①从低温冰箱中取出重蒸酚后，室温放置一段时间，移至 68℃融化，勿立即放入 68℃水浴中，以防玻璃炸裂。②加 8-羟基喹啉至终浓度为 0.1%（W/V），溶解混匀，此时溶液呈黄色，小心将酚倒入分液滤斗中。③加入等体积的 0.5 mol/L Tris-HCl（pH 8.0），反复混匀后，静置分层；放出下层的黄色酚液，弃上层。④加入 0.1 mol/L Tris-HCl（pH 8.0），0.2% β-巯基乙醇溶液，重复步骤③。⑤反复重复步骤④，直至酚相中的 pH>7.6～7.8。⑥将酚装入棕色试剂瓶中，加入 10% 的缓冲液（0.1 mol/L Tris-HCl，pH 8.0），置 4℃可保存 1 个月以上。如黄色消失或呈粉红色，表明 8-羟基喹啉耗尽并有酚氧化物存在，不能再使用。

（7）氯仿-异戊醇混合液：氯仿和异戊醇按体积比 24∶1 混合。

（8）醇类试剂：异丙醇，无水乙醇，70%乙醇。

（9）LB 培养基：称取 10 g 胰化蛋白胨（Tryptone），5 g 酵母提取物（Yeastextract），10 g NaCl，用双蒸水溶解，1 mol/L NaOH 调 pH 至 7.5，用双蒸水定容至 1000 ml。高压蒸汽灭菌。

（10）Ampicillin：两种浓度（10 mg/ml 和 100 mg/ml）。

（11）50×TAE 缓冲液，电泳用：溶解 242 g Tris，57.1 ml 冰乙酸，100 ml 0.5 mol/L EDTA 在 800 ml 双蒸水中，调 pH 到 8.0，最终用水定容于 1000 ml。工作液为 1×TAE（0.04 mol/L Tris-醋酸，0.001 mol/L EDTA pH 8.0）。

（12）DNA 标准溶液：用蛙精 DNA 配制为：1.00、0.50、0.25、0.10、0.05、0.025 和 0.01 μg/μl。

（13）核酸染料：Gelstain。

（14）上样缓冲液：50%甘油，0.25 mol/L EDTA，0.05%溴酚兰，pH 8.0。

（15）DNA marker：15 000、10 000、7500、5000、2500、1000、250（bp）。

（16）限制性内切酶专用缓冲液：随购酶配套。

思考题

1. 质粒为什么可以被用作基因工程的载体？
2. 碱裂解法提取质粒 DNA 的原理及注意事项是什么？

（陈万群）

实验二十九

聚合酶链反应

实验目的

1. 掌握 PCR 反应的原理。
2. 掌握 PCR 产物—DNA 的琼脂糖凝胶电泳检测方法。

实验原理

聚合酶链式反应（polymerase chain reaction，PCR）是一种体外快速复制、扩增特定的 DNA 片段（又称目的片段或靶片段）的分子生物学技术。PCR 反应体系包括：①模板 DNA（template DNA）：提供 PCR 反应过程中 DNA 复制所需的模板。此外，PCR 每个循环中的产物都可以做为后续反应的模板。②引物（primer）：引物长度一般为 20~30 个核苷酸，引物与模板间遵从碱基互补配对规律。引物成对存在，称引物对（primer pair）。引物决定了 PCR 扩增的 DNA 片段的位置及大小，PCR 扩增的 DNA 片段就是位于引物之间的 DNA 序列。③耐热 DNA 聚合酶：按照与模板碱基互补配对的规律（G 与 C 配对，A 与 T 配对），在引物的 3'-OH 末端催化新的 DNA 链的合成。④ dNTP：为 DNA 的合成提供原料。⑤含有 Mg^{2+} 的缓冲液（buffer）。Mg^{2+} 是 DNA 聚合酶的活性所必需的，合适的 Mg^{2+} 浓度对 PCR 反应的成功非常重要，太高会导致非特异扩增的增加，太低则会导致无 PCR 产物。

PCR 反应一般包括三步连续反应。第一步是高温变性（denature），在 94~95℃下，使双螺旋 DNA 分子变成两条单链 DNA 模板；第二步是低温退火（annealing），退火温度一般设定为 50~65℃，是由引物的 Tm 决定的，一般在 Tm-5℃附近，引物通过碱基互补配对结合在模板特定位置上；第三步是延伸（extension），DNA 聚合酶在合适的温度下（一般为 72℃），以单链 DNA 作为模板，按照与模板碱基互补配对的规律在引物的 3'-OH 末端进行延伸，合成 DNA 新链（图 29-1）。变性、退火、延伸这三步反应构成一个循环，每一个循环都可以使 PCR 产物加倍，位于引物之间的目的片段在第三个循环首次出现（图 29-2），一般循环 25~35 次，可以使目的 DNA 片段得到上百万次的扩增。

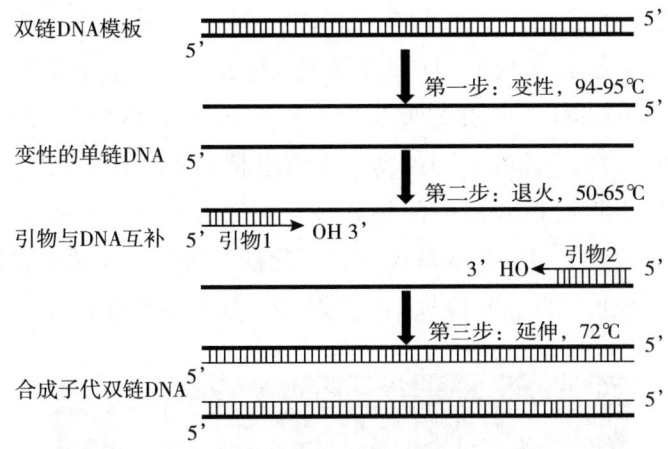

图 29-1　PCR 反应单个循环的工作原理

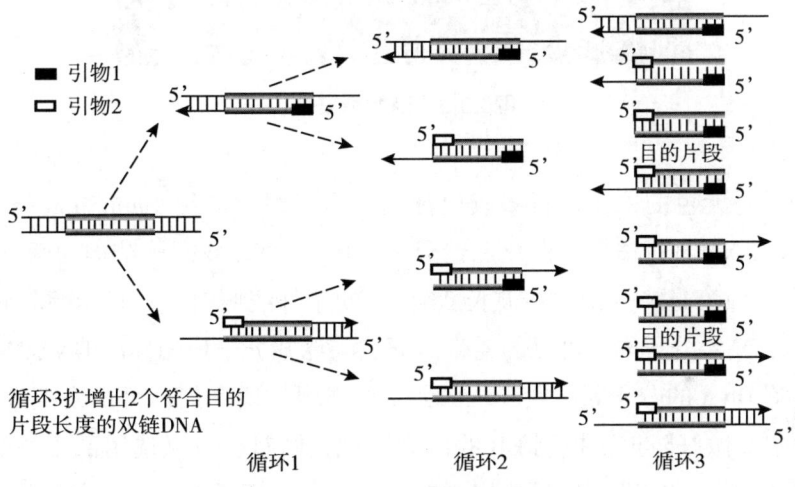

图 29-2　目的 DNA 片段在循环 3 首次产生

本次实验使用的模板是人源基因组 DNA，要扩增的片段为 β-actin 基因的一部分，长度为 187 bp。引物序列为：

引物 1：5'-CTG TGG CAT CCA CGA AAC TA-3'

引物 2：5'-AGG AAA GAC ACC CAC CTT GA-3'

PCR 产物一般都是采用琼脂糖凝胶（凝胶浓度一般为 1.5%～2%）电泳法进行检测，根据电泳结果可以判定 PCR 产物的特异性及产量。将反应产物的一部分和上样缓冲液（loading buffer）按照适当比例（一般情况下为 5∶1）混匀以后加到琼脂糖凝胶的胶孔中（图 29-3），每一行胶孔任选一个胶孔加入 DNA 分子量标记物（DNA marker）。上样缓冲液的功能主要有两个：第一，含有的指示剂溴酚蓝和（或）二甲苯青起到指示的作用，显示电泳的进程，以便适时停止电泳。第二，含有的甘油可以加大样品密度，使样品密度大于电泳缓冲液，从而沉降到点样孔中，防止样品飘出点样孔。DNA分子量标记物（DNA marker）是由已知长度、大小不同的 DNA 片段组成的混合物，用于电泳结束后，根据 DNA 长度相同泳动的距离也相似的原理来判定 PCR 产物的大约长度，从而可以初步判定 PCR 反应的特异性。一般情况下，在电泳过程中，所有的 DNA 片段都带有净的负电核，都从负极向正极泳动，所以点样端要靠近负极。不同大小的 DNA 片段泳动速度不同，片段越小泳动越快，从而按照 DNA 分子大小依次分开。

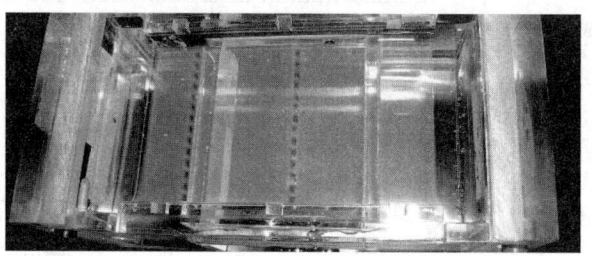

图 29-3 琼脂糖凝胶

DNA 分子是无色的，在进行凝胶电泳时，常以溴化乙锭（ethidium bromide，EB）作为染料，对 DNA 进行染色。溴化乙锭分子可插入 DNA 双螺旋结构的两个碱基之间，与 DNA 形成一种荧光络合物，在波长 254 nm 的紫外线照射下，显示橙红色荧光，从而使凝胶中的 DNA 分子成为可见的谱带。通过与已知分子量的标准 DNA Marker 比较，可估计出待测 DNA 的分子量。由于 EB 是一种强烈的诱变剂，可诱发癌细胞的产生，所以在实验中要做好防护，控制 EB 的污染区域，同时也可以选用低毒核酸染料，如 Gelstain 来进行核酸的定性与定量鉴定。电泳结束后，切断电源，拿出凝胶，放在凝胶成像仪或简易紫外平台上进行检测，拍照保存实验结果。通过与 DNA Marker 相应条带的位置比较来初步判定 PCR 反应的特异性及实验是否成功。由于该实验 PCR 产物长度为 187 bp，所以应该在 100 bp 和 200 bp 间有一条特异条带出现，并且接近 200 bp。此外，根据目的条带的亮度可以判定 PCR 产物的多少，亮度越大产量越大（图 29-4）。

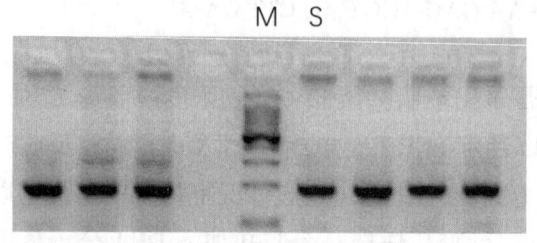

图 29-4 PCR 产物电泳结果

M：DNA Marker（100 bp DNA Ladder） S：sample 187 bp

操作步骤

1. 取 0.2 ml PCR 反应管，标记，用相应量程的加样枪依次加入下列试剂：

ddH₂O	29 μl
dNTPs	5 μl
10× 缓冲液	5 μl
引物对	5 μl
模板 DNA	5 μl
Taq 酶	1 μl

←---- PCR 反应体系

2. 混合均匀，瞬时离心几秒钟，取出。置于 PCR 仪中运行如下程序（图 29-5）：

94℃ 5′

94℃ 30″；55℃ 30″；72℃ 30″，共 30 个循环

72℃ 5′

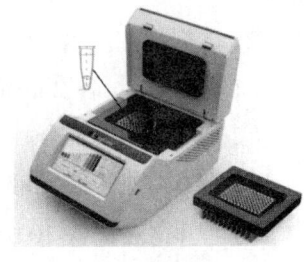

图 29-5 PCR 热循环仪

3. 琼脂糖凝胶电泳

（1）在含 EB 0.5 μg/ml 的 1×TAE 缓冲液中制备 1.5% 琼脂糖凝胶。

（2）将凝胶放置在电泳槽中，加入 TAE 电泳缓冲液，液面高于凝胶 1~2 mm。

（3）将 10 μl PCR 产物转移到塑料板或透明胶带上，加入上样缓冲液 2 μl，混匀后用加样枪把样品加入凝胶的胶孔中。

（4）每行胶孔预留一个胶孔，加入 DNA Marker（100 bp DNA Ladder）7 μl。

（5）在 100 V 电压下电泳 20~30 min。

4. PCR 产物鉴定

（1）关掉电源，从电泳槽中取出凝胶。

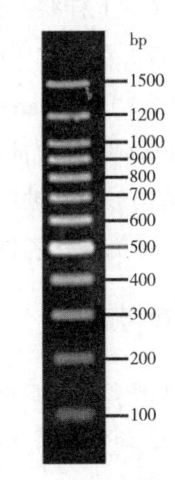

图 29-6 DNA Marker
（100 bp DNA Ladder）

（2）将凝胶放到凝胶成像仪或简易紫外平台上，观察 PCR 结果并拍照保存（图 29-6）。

（3）通过与 DNA Marker 相应条带的位置比较来判定 PCR 产物的特异性及产量。

（4）将 PCR 检测结果打印并附在实验报告纸上，分析讨论。

注意事项

1. 注意加样枪的正确使用，确保每种试剂准确量取。
2. 戴手套无菌操作，防止污染。

3. 电泳过程中注意点样端要靠近负极。

4. 向凝胶上的胶孔中加样时注意正确操作，既不要把胶孔戳破，也不要让样品溢出胶孔。

5. 凝胶成像或在紫外下观察结果时，注意做好防护。

实验器材和试剂

1. 器材　PCR 仪、电泳仪、电泳槽、微量移液器、PCR 反应管、小离心机、手套等。

2. 试剂

（1）dNTPs：各 2 mmol/L 的 dATP，dGTP，dCTP，dTTP。

（2）Taq DNA 聚合酶（5 U/μl）。

（3）10×PCR 缓冲液。

（4）引物对：各 10 pmol/μl。

（5）模板 DNA：0.1～0.2 μg/μl 人基因组 DNA。

（6）上样缓冲液：0.05% 溴酚蓝，50% 甘油，0.25 M EDTA。

（7）双蒸水（ddH$_2$O）。

（8）DNA markers：100、200、300、400、500、600、700、800、900、1000、1500 bp。

（9）TAE 缓冲液：具体配制同实验二十八。

（10）琼脂糖粉。

（11）溴化乙锭或溴化乙锭替代物：Gel stain。

思考题

1. PCR 反应的原理是什么？
2. 如何判定 PCR 产物的特异性及产量？

（陈万群）

实验三十

血清清蛋白的分离及电泳鉴定

实验目的

1. 掌握盐析法、凝胶层析分离提纯蛋白质的原理和方法。
2. 掌握醋酸纤维薄膜电泳分离蛋白质的原理和方法。

实验原理

血清蛋白主要由清蛋白和球蛋白组成，各行使其重要的功能。蛋白质分子的分离是研究蛋白质分子结构与功能关系的一种技术手段。本实验利用盐析方法将血清中的清蛋白分离，并用电泳技术观察蛋白质分离效果。

1. 蛋白质分子能稳定存在于水溶液中是因为有两个稳定因素：水化膜和表面电荷。当维持蛋白质的稳定因素破坏时，蛋白质分子可相互聚集沉淀而析出。蛋白质分子沉淀析出的方法很多，根据对蛋白质稳定因素破坏的不同，有中性盐析法、有机溶剂沉淀法、等电点沉淀法、重金属盐法以及生物碱试剂法等。

本次实验采用盐析法分离血清清蛋白。所用的中性盐是硫酸铵（$(NH_4)_2SO_4$），高浓度的硫酸铵在水溶液中大量电离成 NH_4^+ 和 SO_4^{2-}，这些离子通过吸引水分子而破坏蛋白质表面水化膜，并且 NH_4^+ 中和蛋白质表面的负电荷，SO_4^{2-} 中和蛋白质表面的正电荷，从而使蛋白质相互聚集而析出。不同的蛋白质因其水化膜的厚度和表面电荷的数量不同，其沉淀所需要的中性盐浓度也就不同。因此，选择不同浓度的中性盐，就能把不同的蛋白质分段沉淀下来，此种盐析法称分段盐析。

盐析后沉淀的蛋白质加水可再溶解。该方法最大特点是能保持蛋白质生物学活性，因此盐析法是分离蛋白质常用的方法，不过其分离的纯度不高，所以还需要其他方法进步纯化。

2. 蛋白质含有高浓度中性盐，需要有脱盐过程去除蛋白质遗留的中性盐，常用方法有透析法脱盐和凝胶层析法脱盐。本实验采用凝胶层析法脱盐，在葡聚糖凝胶柱中，蛋白质与硫酸铵的分子量不同，当样品通过层析柱时，蛋白质因其分子量较大而不能进入凝胶颗粒的三维网状结构中，只能在凝胶颗粒的间隙流动，所以流程较短，最先流出层析柱；反之，硫酸铵的分子量小，可进入凝胶颗粒的三维网状结构中，所以流程长，流出层析柱的时间较后。分段收集蛋白质洗脱液，即可得到脱盐的蛋白质。

3. 蛋白质分离效果可用电泳方法检测，通过比较电泳图谱中未分离处理的蛋白质电泳区带与分离处理的蛋白质电泳区带的移动位置，判断蛋白质的分离纯化的效果。电泳法是指带电荷的供试品（蛋白质、核苷酸等）在惰性支持介质（如纸、醋酸纤维素、琼脂糖凝胶、聚丙烯酰胺凝胶等）中，于电场的作用下，向其对应的电极方向按各自的速度进行泳动，使组分分离成狭窄的区带，用适宜的检测方法记录其电泳区带图谱或计算其百分含量的方法。

本次实验采用醋酸纤维素膜电泳。醋酸纤维素膜是由纤维素的羟基乙酰化制成的薄膜，这种膜对蛋白质样品吸附性小，几乎能完全消除纸电泳中出现的"拖尾"现象，又因为膜的亲水性比较小，其所容纳的缓冲液也少，电泳时电流的大部分由样品传导，所以分离速度快，电泳时间短，样品用量少。

血清蛋白各组分在 pH 8.6 缓冲液的介质中，由于各组分所带的负电荷数量不同和分子量大小不同，故向正极泳动的速度不同，经过一定时间电泳后而彼此分离。

操作步骤

1. 盐析沉淀蛋白质

（1）取 10 ml 具塞刻度试管 1 支，加入盐析用蛋白质溶液（血清：生理盐水 = 1：2 V/V）2.5 ml，缓慢滴加等量饱和（NH_4）$_2SO_4$ 溶液，边滴加边摇匀，见有沉淀析出，静置 20 min。

（2）将双层滤纸放入漏斗中，润湿滤纸，漏斗出口套入试管。把盐析液体倒入双层滤纸中过滤，弃去沉淀，保留滤液。

2. 凝胶层析脱盐

（1）装柱：装柱前，关闭层析柱下端出口。已溶胀的 Sephadex G-25 凝胶颗粒与蒸馏水比例为 1：1，混匀后倒入层析柱中（柱体积约 150 ml，注意一气呵成完成装柱），然后让凝胶颗粒自然下沉。填充好的凝胶柱要求无分层、无裂隙、无气泡。

（2）调流速：打开层析柱下端出口调流速，流速为 20 滴/分，要求流速缓慢、连续、恒定。调好流速后不能随意间断。凝胶柱上面要注意加蒸馏水，并始终维持蒸馏水高于凝胶柱 0.5 cm（注意不能让空气因水位下降而进入凝胶柱，否则要重新装柱）。

（3）加样品滤液：待柱中蒸馏水面降至凝胶面时，取 1 ml 滤液加样，待柱中样品液面再次降至凝胶面，加蒸馏水，并维持蒸馏水高于凝胶柱 0.5 cm。

（4）收集洗脱液：用蒸馏水洗脱，分管收集，每管 10 滴。从每管收集液中取出一半，用 1 滴 10% 三氯醋酸检测（三氯醋酸使蛋白质变性、沉淀），有沉淀出现者即为蛋白质洗出管，连续用三氯醋酸检测收集管，直至不再出现蛋白质沉淀时停止收集。取对应沉淀最多的收集管用于电泳鉴定。

（5）洗凝胶柱：继续用蒸馏水洗柱，流出液用 1% $BaCl_2$ 检测，直至无白色沉淀出现后（表明硫酸铵已洗脱），洗柱完毕关闭出口，回收凝胶颗粒。

3. 醋酸纤维薄膜电泳鉴定蛋白质分离效果

（1）取醋酸纤维薄膜一片（4 cm×8 cm），在薄膜无光泽面距一端 1.5 cm 用铅笔划一线作点样位置，将薄膜浸入 pH 8.6 巴比妥缓冲液中，待完全渗透后取出用滤纸吸掉表面水珠。

（2）点样：用点样器蘸蛋白质层析液印在点样线上一侧，另一侧蘸血清点印作对照用。

（3）电泳：将点样后薄膜条置于电泳槽中，点样端置于负极，在醋纤膜两端搭桥，平衡 5 min 后通电，以电压 10～15 V/cm 膜长，电流 0.4～0.6 mA/cm 膜宽；通电约 45 min。

（4）染色：用镊子将电泳后薄膜取出，直接浸入盛有氨基黑 10 B 染色液培养皿中染色 5 min。

（5）漂洗：将薄膜从培养皿中取出，用漂洗液漂洗，中间换液 1～2 次，每次约 3 min，至薄膜背景无色，区带清晰为止，观察电泳图谱中分离的蛋白质电泳区带，并与血清蛋白电泳区带比较。

注意事项

1. 装柱要均匀，一气呵成，不能有气泡，不能分层，如有应重新装柱。
2. 层析收集时，要求流速缓慢、连续、恒定。
3. 层析完成后凝胶不能倒掉需回收。

实验器材和试剂

1. 器材　10 ml 具塞刻度试管、离心管、小试管、5 ml 吸管、滴管、培养皿 3 套、醋酸纤维薄膜、点样器、电泳槽、电泳仪、1.0×20 cm 层析柱等。

2. 试剂

（1）葡聚糖凝胶 Sephadex G-25：称 10 g SephadexG-25，加 200 ml 0.02 mol/L pH 6.5 磷酸盐缓冲液溶胀 24 h。

（2）生理盐水：称取分析纯 NaCl 0.89 g，蒸馏水稀释至 100 ml。

（3）饱和硫酸铵溶液：25℃时称取 $(NH_4)_2SO_4$ 约 767 g，溶解至 1000 ml 蒸馏水中，至不能完全溶解为止，即为饱和硫酸铵溶液。

（4）巴比妥缓冲液（pH 8.6）：称取巴比妥钠 15.458 g，巴比妥 2.768 g，蒸馏水溶解定容至 1000 ml。

（5）氨基黑 10B 染色液：称取氨基黑 10B 0.5 g，加入 100 ml 漂洗液不断振摇，直到完全溶解。

（6）漂洗液：取 95%乙醇 450 ml，冰醋酸 100 ml，混匀后，用蒸馏水稀释到 1000 ml。

思考题

1. 电泳时，醋纤膜的点样端为什么要放在负极？
2. 分析电泳图谱的结果，说明原因。

（龚　青）

实验三十一
消化三大营养物质的酶活性测定设计与试验

一、消化三大营养物质的酶活性测定设计

实验设计要求及课堂流程：

1. 该部分为 TBL（team-based learning）教学。
2. 根据相应的实验原理，设计消化三大营养物质（糖类、脂类、蛋白质）的酶活性测定的方法。
3. 给学生充分的准备时间，在前一次实验课时即可进行安排。
4. 根据人数将学生分组，每组同学准备"消化一种营养物质（糖类、脂类、蛋白质）的酶"活性的原理与方法即可。
5. 每组同学需提供纸质版的材料，且由两人做代表，在课堂上用幻灯片进行实验设计的汇报。汇报时间 10 min 左右。
6. 汇报结束后，其他同学根据汇报情况提问。最后，老师根据汇报内容进行点评并评分。
7. 讨论结束后，进行"唾液淀粉酶活性测定"实验。

二、唾液淀粉酶活性测定

实验目的

1. 了解唾液淀粉酶活性测定的原理。
2. 掌握唾液淀粉酶活性的测定方法。

实验原理

酶是指化学本质为蛋白质的生物催化剂。酶活性（酶活力）是指酶催化一定化学反应的能力。酶活力的大小可用在一定条件下，酶催化某一化学反应的速度来表示。酶催化反应速度越大，酶活力越高，反之活力越低。测定酶活力实际就是测定酶促反应的速度。酶促反应速度可用单位时间内、单位体积中底物的减少量或产物的增加量

来表示。影响酶活力的因素是多方面的,如温度、pH及某些化学物质等都会影响酶的催化活性。在一定条件下,能使酶活力达到最高时的温度,即酶的最适温度,而能使酶活力达到最高时的pH,即酶的最适pH。能增高酶活力的物质称为酶的激活剂,能降低酶活力却又不使酶变性的物质叫酶的抑制剂。

在课堂中,学生可根据自己设计的实验开展,亦可根据如下提供的实验方法完成"唾液淀粉酶活性测定"实验。本实验利用终点法测定唾液淀粉酶活力,其最适温度是37℃,最适pH是6.8。淀粉在该酶的催化作用下会随着时间的延长而出现不同程度的水解,从而得到各种糊精乃至麦芽糖、少量葡萄糖等水解产物。本实验利用碘的显色反应来测定唾液淀粉酶水解淀粉作用的速度,从而测定唾液淀粉酶活力的大小。如下图所示:

与碘反应: 淀粉(蓝色) →[淀粉酶] 蓝色糊精(蓝色) → 红色糊精(紫红色) →[淀粉酶] 麦芽糖和葡萄糖(黄色,碘的颜色)

操作步骤

1. 将"标准色"溶液滴于白瓷板的左上角空穴内,作为比较终点色的标准。

2. 在60 ml的一次性杯中,加入1%可溶性淀粉溶液20 ml(量筒量取),加缓冲液5 ml(刻度吸管)在37℃水浴中平衡约10 min。

3. 向上述溶液中加入刚收集到的400 μl唾液,充分摇匀,立即记录时间。定时(每半分钟)用移液器取出反应液约100 μl,滴于预先充满此稀碘液(400 μl)的调色板空穴内,当空穴颜色由蓝色变为棕红色,与标准色相同时,即为反应终点,记录时间T(min)。

实验结果

1 ml唾液淀粉酶于37℃、pH 6.8的条件下,1 h液化可溶性淀粉的克数,称为唾液淀粉酶的活力单位。

$$酶活力单位 = (60/T \times 20 \times 1\% \times n)/0.5$$

n——唾液淀粉酶稀释倍数;

60——小时换算成分钟的系数;

0.5——吸取待测唾液淀粉酶的量(ml);

1%——淀粉浓度;

20——1%可溶性淀粉溶液的量(ml);

T——反应时间(min)。

注意事项

1. 全部时间应该控制在 5 min 左右，如果酶促反应时间太长或者太短，建议由学生自己讨论处理办法，例如改变唾液稀释倍数或者淀粉的含量，重新测定。

2. 实验中，吸取 1% 可溶性淀粉及稀释唾液淀粉酶的量必须准确，否则误差较大。

实验器材和试剂

1. 器材　多孔白瓷板、电恒温水浴、微量移液器、烧杯、量筒、100 ml 容量瓶、50 ml 三角瓶（可用 60 ml 一次性杯代替）、1 安士的一次性杯等。

2. 试剂

（1）原碘液：称取碘 11 g、碘化钾 22 g，加少量蒸馏水完全溶解后，定容至 500 ml，于棕色瓶中保存。

（2）稀碘液：吸取原碘液 2 ml，加碘化钾 20 g，用蒸馏水溶解，定容至 500 ml，于棕色瓶保存。

（3）标准"终点色"溶液

A. 准确称取氯化钴 40.2439 g、重铬酸钾 0.4878 g，加蒸馏水溶解并定容至 500 ml。

B. 准确称取铬黑 T 40 mg，加蒸馏水溶解并定容至 100 ml。

C. 取 A 液 80 ml 与 B 液 10 ml 混合，即为终点色。冰箱保存。

（4）1% 可溶性淀粉溶液：称取烘干可溶性淀粉 1.00 g，倾入 80 ml 沸水中，继续煮沸至透明，冷却后用蒸馏水定容至 100 ml（需新鲜配制）。

（5）取唾液。用蒸馏水漱口，以清除食物残渣，然后让唾液流入一次性小杯子。

（6）0.2 mol/L、pH 6.8 磷酸氢二钠 - 柠檬酸缓冲溶液：称取磷酸氢二钠，用蒸馏水配成 0.2 mol/L 溶液（A 液）；称取柠檬酸，用蒸馏水配成 0.1 mol/L 溶液（B 液），将 15.45 ml 的 A 液和 4.55 ml 的 B 液混合搅匀，混匀后用酸度计或精密试纸检测 pH。

思考题

1. 测定唾液淀粉酶活性的原理是什么？
2. 什么是酶活力，影响酶活力的因素有哪些？

（龚　青）

附 录

一、常用仪器的使用及注意事项

（一）电子天平

电子天平是实验室最常见的仪器设备之一。选购及使用电子天平时必须考虑精度等级和对称量范围的要求。选择电子天平除了看其精度外，还应看最大称量是否满足量程的需要。

检测电子天平性能的常见指标一般是稳定性、线性准确性、重复性和灵敏度。

电子天平是精密仪器，应安放位置在水平、紧固、稳定、无震动的台面，不受太阳直射，无强气流干扰和避免空调出风口，无强电磁干扰和热源，无腐蚀气氛环境。

1. 电子天平的操作步骤

（1）调节水平：天平开机前，应观察天平水平仪内的水泡是否位于圆环的中央，可通过调节天平的地脚螺栓，左旋升高，右旋下降，来实现水泡正中。

（2）预热：天平在初次接通电源或长时间断电后开机时，至少需要 30 min 的预热时间。

（3）校准：按下电源键，接通显示器，仪器自检。当显示器显示零时，自检过程结束，开始校准。内校型的电子天平是指校准砝码在电子天平内部，用电机驱动有内置砝码升降装置的电子天平，校准时只要按一下校准键（CAL 按键）就可以完成校准过程。外校型的电子天平是指通过手动，校准时先按 CAL 键，再把标准砝码放到电子天平秤盘上，来完成校准过程。砝码用单独的砝码盒保存。

（4）称量：先称出干燥洁净的表面皿或称量纸的质量，按去皮键（Tare 按键），示数稳定打开天平侧门，左手持骨匙盛试样后小心地伸向表面皿的近上方，以手指轻击匙柄，将试样弹入，直到所加试样量与预定量之差相近时，极其小心地以左手拇指、中指及掌心拿稳骨匙，以示指摩擦匙柄，让匙里的试样以尽可能少的量慢慢抖入表面皿或称量纸上。这时，既要注意试样抖入量，同时也要注意显示屏的读数，当读数正好等于所需要的量时，立即停止抖入试样，若不慎多加了试样，则用骨匙取出多余的试样（不要放回原试样瓶中）。

2. 使用电子天平的注意事项

（1）称取吸湿性、挥发性或腐蚀性物品时，应用称量瓶盖紧后称量，且尽量快速，注意不要将被称物（特别是腐蚀性物品）洒落在称盘上；称量完毕，被称物及时带离天平，并清洁称量室。

（2）天平在安装时已经过严格校准，故不可轻易移动天平，否则校准工作需重新进行。

（3）严禁不使用称量纸直接称量，每次称量后，请清洁天平，避免对天平造成污染而影响称量精度，以及影响他人的工作。

（4）称量样品的重量一般不超过最高载重的2/3。

（5）不要冲击称盘，不要让粉粒等异物进入中央传感器孔。

（6）使用后应及时清扫电子天平内外（切勿扫入中央传感器孔），定期用乙醇擦洗称盘及防护罩，以保证玻璃门正常开关。

（7）远离空调的吹风口。避免气流和温度差对测定产生不稳定。

（二）台式低速离心机

台式低速离心机是指转速小于10 000转/分的离心机，可广泛应用于临床医学、生物化学、免疫学、血站等领域，是实验室中用于离心沉淀的常规仪器。

离心机是利用离心沉降原理，通过一定速度的旋转产生离心力，从而使离心管中的液态实验物在离心力的作用下根据其颗粒和质量的大小产生分离沉淀，使溶液中密度不同的细胞（粒子）在离心力作用下实现分离、浓缩或提纯。

台式低速离心机使用方法：

1. 配平。每次离心之前，务必用离心机旁边的托盘天平配平。

将配平好的已加入需分离物质的离心管分别对称插入本机所配的离心管架内，离心管架对称放入离心机中，合上盖板。

2. 接通电源，打开电源开关。

3. 速度和时间分别按选择键，根据显示屏的指示（闪烁的数字）。

4. 再用▲▼键选择好所需要的具体速度大小和时间长短。按确认键确认。

5. 再按启动键，此时离心机即开始工作。

6. 当到达设定的工作时间时，即离心完成时会自发出报警声。此时确认转速为零，再打开离心机盖，取出离心管。

注意事项：

（1）离心机启动前，必须将所有离心管配平。

（2）离心管若破裂渗漏，一定要及时清理。

（3）离心结束时，一定要确认转速为"0"时，方可打开离心机盖，取出离心管。

（三）PHS-3C PH计

[准备]

将9 V直流电源插入220 V交流电源上，直流输出插头插入仪器后面板上的DC9V

电源插孔。把电极装在电极架上,取下仪器电极插口上的短路插头,把电极插头插上。

[PHS-3C 酸度计标定]

PHS-3C 酸度计的标定可分为常规法(一点标定—用于粗略测量)和精密法(二点或三点标定—用于精密测量),使用者可根据情况选择其中一种进行标定。

1. 准备 pH 4.00、pH 6.86 和 pH 9.18 三种缓冲液。

2. 按动 pH/mV 键,使仪器处于 pH 测量方式(此时显示屏上"pH"灯亮),按"∧"或"∨"键将温度显示调节到标准缓冲液的温度值。如果使用温度自动补偿功能,则将温度传感器插头插入仪器后面板"TEMP"孔内。此时显示屏上"TEMP"灯亮,"∧"和"∨"键失去作用。

3. 用蒸馏水冲洗电极(和温度传感器探头)并用滤纸吸干,然后浸入已知 pH 的标准缓冲液中(该缓冲液的选择以其 pH 接近被测溶液 pH 为宜)。轻轻摇动烧杯或搅拌溶液,使电极前端球泡与标准缓冲液均匀接触。

4. 长按开关/校正键,显示屏上"CAL""pH"灯均闪烁,仪器此时正自动识别标准缓冲液的 pH;到达测量终点时,屏幕显示出相应标准缓冲液的标准 pH,对应的标准缓冲液指示灯亮;"CAL"灯熄灭而"pH"停止闪烁。到此一点标定结束。

5. 在一点标定的基础上,选用第二种标准缓冲液,再依照上述一点标定的操作方法(重复上面 3、4 步骤)操作,此时相应的标准缓冲液指示灯亮。电极性能指示灯显示出电极的性能。到此二点标定结束。

6. 在二点标定的基础上,选用第三种标准缓冲液,再次依照上述一点标定的方法操作,此时标准缓冲液指示灯全亮。到此三点标定结束。

[PHS-3C 酸度计测量 pH]

经过标定后的酸度计,即可测量被测溶液的 pH。对于精密测量法,被测溶液的温度最好保持与标定溶液的温度一致。

1. 用蒸馏水冲洗电极(和温度传感器),并用滤纸吸干。

2. 把电极(和温度传感器)浸入被测溶液。若用手动温度补偿,则将温度调至被测溶液的温度。

3. 轻微搅拌溶液,当 pH 读数稳定后,即可读取被测溶液的 pH。反复测量 2 次,取平均值。

测量完毕,关闭电源。将电极冲洗干净,放入电极保护液中。

(四)Levo Plus 大容量电动移液器

大容量的电动移液器又称电动移液管助吸器,该仪器操作简单、高效。采用电子控制以提高操作自动化程度,供科研、化工、医药等部门取液、加液用。

生化与分子生物学实验室经常使用的电动移液器适用 0.1~100 ml 各种量程塑料和玻璃移液管。一般实验中,3 ml 以下试剂的吸取建议使用微量移液器,3 ml 及以上试剂的吸取使用大容量电动移液器。

具体操作说明：

1. 电动移液器手柄的前部有两个操作按钮，上面的为吸液按钮，下面的为排液按钮。通过改变按压操作按钮力度的大小，能很好调节吸液和排液的速度。另外，调速按钮位于液晶显示屏的下方，亦可通过调速按钮来设定所需要的吸液、排液速度。吸液和排液速度各有八档，"+"为增加，"-"为减少。液晶显示屏中上方区域显示所选择的速度。常规实验室学生实验过程中，一般速度设为2挡即可，速度越快越不容易控制（附图1）。

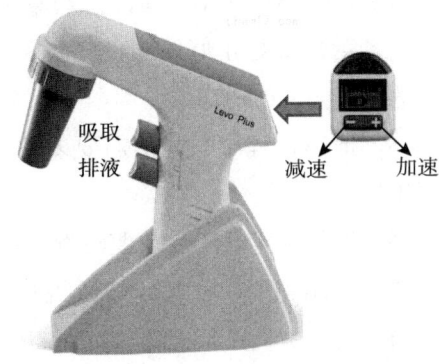

附图1　Levo Plus 电动移液器

2. 插入移液管。轻轻将移液管推入硅胶适配管中，仔细放置到位，为使移液管能正确插入，请分别用手握住电动移液器椎管嘴上部和移液管的上端。

3. 按压吸液按钮，吸入液体略超过所需的容量刻度。

4. 将移液管离开容器液面。按压排液按钮，排出部分液体，使移液管内液体的弯月底面达到刻度。

5. 排液。大容量电动移液器提供两种不同的排液模式。一种是稍加按压排液按钮，此时的排液功能由自身重量作用使液体自然流出。如果进一步按压排液按钮，将触发微量泵工作，加快排液速度。

6. 排液完成后，取下移液管放回原处，大容量电动移液器置于其底座上。

7. 注意保持电动移液器为有电状态。

（吴志慧）

（五）烘箱和恒温箱

烘箱又称干燥箱，常用的是电热鼓风干燥箱。干燥箱用于物品干燥和干热灭菌，工作温度为 50~250℃。恒温箱又称培养箱，用于细菌等生物培养，工作温度自室温以上至60℃。这两种仪器工作原理、结构及使用方法相似。

1. 使用方法

（1）检查温度计是否插入座内，应插在放气调节器中部的小孔内。

（2）把电源插头插好，合上电闸。

（3）视需要的温度而定，将电热丝分组开关的旋钮拨到1挡或2挡，再将自动恒温控制旋钮沿顺时针方向旋转，指示灯红灯亮表示电热丝开始加热。此时也可开鼓风机帮助箱内热空气对流。

(4)在恒温过程中,应注意观察温度计,待温度将要达到需要温度值(差2~3℃)时,使指示灯绿灯正好发亮,此时表示电热丝停止加热,箱内温度即能自动控制在所需要的温度(±0.5℃)。

(5)恒温过程中,如不需要多组电热丝同时加热时,应将电热丝分组开关的旋钮拨到1挡。

(6)工作一定时间后需要将潮气排出,可打开放气调节器,也可打开鼓风机。

(7)使用完毕后,关闭鼓风机马达开关,将电热丝分组开关旋钮和自动恒温控制旋钮沿逆时针方向旋回至零位。

(8)断开电闸,将电源插头拔出插座。

2. 注意事项

(1)使用前应检查电源(电压、电流)是否符合规定,地线是否接妥。

(2)挥发性物品,如盛有有机溶剂的器皿,不能放入,以防火灾和爆炸。

(3)安放物品时应小心,不要触及自动恒温控制器的窗筒和温度计,以免损坏部件。安放物品后应立即关好箱门,以便保持温度恒定。

(4)烘烤洗刷完的仪器时,应尽量将水珠甩去再放入烘箱内。干燥后,待温度降至60℃以下方可取出物品。注意,若温度超过180℃,箱内棉花或纸张则会烤焦,玻璃器皿则易破裂。

(5)仪器必须有良好地线。

(6)仪器附近不能放置易燃物品。

(7)检修时不能带电操作。

(六)电热恒温水浴

电热恒温水浴槽(锅)用于恒温加热及蒸发等。工作温度从室温至100℃,恒温波动±(1~0.5)℃。

1. 使用方法

(1)关闭水浴底部外侧的放水阀门,将水浴内注入蒸馏水至适当的深度。加蒸馏水是为了防止水浴槽体(铝板或铜板)被侵蚀。

(2)将调温旋钮沿顺时针方向旋转至适当温度位置。

(3)打开电源开关,接通电源,红灯点亮表示电炉丝通电开始加热。

(4)在恒温过程中,当温度计的指数上升到距离需要的温度约2℃时,沿逆时针方向旋旋转调温旋钮至红灯熄灭为止。此后,红灯就不断熄亮,表示恒温控制发生作用,这时再略微调节调温旋钮即可达到需要的恒定温度。

(5)使用完毕,关闭电源开关,拉下电闸,拔下插头。

(6)若较长时间不使用,应将调温旋钮退回零位,并打开放水阀门,放尽水浴槽内的全部存水。

2. 注意事项

（1）水浴内的水位绝对不能低于电热管，否则电热管易被烧坏。

（2）使用时应随时关注水浴槽（锅）是否有渗漏现象。

（4）初次使用时应加入与所需温度相近的水后再通电。

（唐权东）

二、试剂的配制

（一）一般注意事项

1. 称量要精确，特别是在配制标准溶液、缓冲液时，更应注意严格称量。有特殊要求的，要按规定进行干燥、提纯等。

2. 配制试剂所用的玻玻器皿都要清洁干净，存放试剂的试剂瓶应清洁干燥。

3. 一般溶液都应用蒸馏水或无离子水（即离子交换水）配制，有特殊要求的除外。

4. 化学试剂根据其质量分为各种规格（品级），一般化学试剂的分级见附表1。另外，还有一些规格，如纯度很高的光谱纯、层析纯；纯度较低的工业用；药典纯（相当于四级）等。配制溶液时，应根据实验要求选择不同规格的试剂。

5. 注意有些试剂要求新鲜配制。试剂应根据需要量配制，一般不宜过多，以免过期失效。

6. 试剂（特别是液体）一经取出，不得放回原瓶，以免因量器或药匙不清洁而沾污整瓶试剂。取固体试剂时，必须使用洁净干燥的药匙。

7. 试剂瓶上应贴标签。写明试剂名称、浓度、配制日期及配制人。

8. 试剂用后要用原瓶塞塞紧，瓶塞不得沾染其他污物或沾污桌面。

9. 有些化学试剂极易变质，变质后不能继续使用。

附表1 一般化学试剂的分级

试剂分级	中国标准	用途
一级试剂	保证试剂—G.R.—绿色标签	纯度最高，杂质含量最少的试剂。适用于最精确分析及研究工作
二级试剂	分析纯—A.R.—红色标签	纯度较高，杂质含量较低。适用于精确的微量分析工作，为分析实验室广泛使用
三级试剂	化学纯—C.P.—蓝色标签	质量略低于二级试剂，适用于一般的微量分析实验，包括要求不高的工业分析和快速分析
四级试剂	化学用—L.R.	纯度较低，但高于工业用的试剂，适用于一般的定性分析实验
生物试剂	B.R. 或 C.R.	根据说明使用

（二）易变质及需要特殊方法保存的试剂

需要密封的化学试剂，可以先加塞塞紧，然后用蜡封口。有的平时还要保存在干燥器内，干燥剂可以用生石灰、无水氯化钙和硅胶等。需要避光保存的试剂，则要置于棕色的瓶内或用黑纸包装（附表2）。

附表2 化学试剂的储存

注意事项		试剂名称举例
需密封	易潮解吸湿	氢氧化钠、氢氧化钾、氧化钙、碘化钾、三氯乙酸
	易失水风化	硫酸亚铁、结晶硫酸钠、含水磷酸氢二钠、硫代硫酸钠
	易挥发	氯仿、醚、碘、氨水、麝香草酚、甲醛、乙醇、丙酮
	易吸收 CO_2	氢氧化钠、氢氧化钾
	易氧化	硫酸亚铁、醚、醛类、酚、抗坏血酸和一切还原剂
	易变质	丙酮酸钠、乙醚和许多生物制品（常需冷藏）
需避光	见光变色	硝酸银（变黑）、酚（变淡红）、氯仿（产生光气）、茚三酮（变淡红）
	见光分解	过氧化氢、氯仿、漂白粉、氰氢酸
	见光氧化	乙醚、醛类、亚铁盐和一切还原剂
特殊方法保管	易爆炸	叠氮化钠、硝酸盐类、过氯酸、苦味酸
	剧毒	氰化钾（钠）、汞、砷化物、溴
	易燃	甲醇、乙醇、乙醚、丙酮、苯、甲苯、二甲苯、汽油
	腐蚀	强酸、强碱

（三）一些常用术语

1. 溶质：可均匀地分布在另一液体里的物质，称为溶质。
2. 溶剂：使溶质质点均匀分布的介质，称为溶剂。
3. 溶液：由两种或多种成分所组成的液态的均匀系统，为液体溶液。

因为溶液是由溶质和溶剂相互均匀分布所组成的液体，所以往往不易区分溶质和溶剂。如氢氧化钠溶液，氢氧化钠是溶质，水是溶剂。如果两种都是液体，以要用的组分称溶质。如在70%的乙醇溶液中，则乙醇是溶质，水是溶剂。

（1）真溶液：溶液里的溶质，是以分子状态或离子状态均匀地分布在溶剂的分子之间，溶质颗粒的直径小于 1×10^{-6} mm，这种溶液称为真溶液。

（2）乳浊液：由两种均匀地散布着但又互不相溶的液体微小珠滴组成的液体叫乳浊液。这些小珠滴的直径大于 1×10^{-4} mm。把乳浊液静置相当时间后，其两个组分会互相分离开来。如将水和油经充分振荡或高速搅拌混合后，就成为微小的水滴和微小油滴相互均匀地分布的液体系统。但静置相当时间后，油和水仍会分开为两层。

（3）悬浊液：在这种液体的溶剂中间散布着固体的微小颗粒（分子的集合体），这些溶质颗粒的直径大于 1×10^{-4} mm。如把悬浊液静置相当时间，悬浮的固体颗粒就会下沉到容器底部，产生沉淀。

（4）胶体溶液：在这种溶液里悬浮的小颗粒与前两种浊液一样，都是由许多分子集合体组成的。但是，其直径为 $1 \times 10^{-6} \sim 1 \times 10^{-4}$ mm。所以，胶体溶液具有一些特点。如胶体溶液具有真溶液所没有的"丁达尔现象"，胶体溶液长期静置不会有颗粒分离出来，这一点又与浊液不同。因此，可以认为胶体溶液是真溶液和浊液之间的过渡状态。如鸡蛋清的水溶液就是胶体溶液。淀粉和动物胶（如白明胶）在热水中都能形成胶体溶液。人及动物的血液和植物的浆汁都是复杂的胶体溶液。

4. 溶解：溶质均匀地分布在溶剂中，称为溶解。

（1）溶解速度：在单位时间内，溶质的分子分布到溶剂里的数量称为溶解速度。各种溶质的溶解速度不同，并受外界条件如温度、压力、振动、搅拌等影响。

（2）溶解热：在溶质溶解于溶剂的过程中，所发生的能量变化（总的热效应）习惯上统称为溶解热。若溶解时放热，则溶解热是正值；若吸热，则为负值。

因此，在日常配制试剂时，往往采取一些措施加快溶解速度，以提高工作效率。例如：
① 溶质的块过大，要粉碎，以增加溶质与溶剂的接触面积。
② 溶解时吸热，要加热帮助破坏溶质的晶体和质点的扩散。
③ 溶解时放热，要冷却。用冷水浴、冰浴等，加快水化物的生成。
④ 加以搅拌或振荡，使溶质分散、帮助散冷或散热，加快溶质的扩散速度。

（3）饱和溶液：在一定的温度、压力下，溶剂中所溶解的溶质已达到最大量的溶液，称为饱和溶液。若溶质在溶剂中溶解的量低于饱和溶液的量，该溶液称为不饱和溶液。半饱和溶液指的是溶质在溶剂中溶解的量相当于饱和溶液内该溶质的量的一半。如果在溶剂中溶质的量超过相应的饱和状态时，称为过饱和溶液。

5. 溶解度：在一定的条件（0℃、20℃或100℃，1个标准大气压）下，在100 g 水（溶剂）中所能溶解的最大量溶质的克数，称为该溶质的溶解度。

一般规定在常温（20℃）下，某物质能溶解在100 g 水中的量在10 g 以上，称为易溶解物质；如果溶解的量少于1 g，则称为难溶物质；若溶解的量少于万分之一克，称为不溶解物质。易溶、难溶和不溶是相对的，而不是绝对的。

6. 溶液浓度：在一定重量或一定体积的溶液中所含溶质的量，称为溶液的浓度。如百分浓度、质量浓度和克分子浓度等。

（四）溶液浓度的表示及其配制

1. 百分浓度（简写%）

（1）重量与重量百分浓度（%W/W）即每100 g 溶液中所含溶质的克数。

$$溶质（g）+ 溶剂（g）=100\,g\,溶液$$

通常某溶液的浓度用百分浓度（%）表示时，指的就是重量百分浓度。试剂厂生产的液体酸碱常以此法表示。配制重量百分浓度溶液时：

① 溶质是固体：

$$称取溶质的克数 = 需配制溶液的总重量 \times 需配制溶液的浓度$$

$$需用溶剂的克数 = 需配制溶液的总重量 - 称取溶质的克数$$

例如，配制 10% 氢氧化钠溶液 200 g

$$200\,g \times 0.10 = 20\,g（固体氢氧化钠）$$

$$200\,g - 20\,g = 180\,g（溶剂的重量）$$

称取 20 g 氢氧化钠加 180 g 水溶解即可。

② 溶质是液体：

$$应量取溶质体积 = \frac{需配制溶液总重量}{溶质比重 \times 溶质百分浓度} \times 需配置溶液的浓度$$

需用溶剂的克数（或体积）= 需配制溶液总重量 –（需配制溶液总重量 × 需配制溶液的浓度）

例如，配制 20% 硝酸溶液 500 g（浓硝酸的浓度为 90%，比重为 1.49）。

$$\frac{500}{1.49 \times 0.9} \times 0.2 = 74.57（ml）$$

$$500 - (500 \times 0.2) = 400（ml）$$

量取 400 ml 水，加入 74.57 ml 浓硝酸混匀即可。

（2）重量与体积百分浓度（%W/V）：即每 100 ml 溶液中所含溶质的克数。例如，配制 1.0% 氢氧化钠溶液时，称取 1.0 g 氢氧化钠，用水溶解，稀释到 100 ml。一般常用于配制溶质为固体的稀溶液。

（3）体积与体积百分浓度（%V/V）：即每 100 ml 溶液中所含溶质的毫升数。一般用于配制溶质为液体的溶液，如各种浓度的乙醇溶液。

2. 物质的量浓度：物质的量浓度一般指的是体积物质的量浓度，即在 1 L（溶剂加溶质）溶液中含有溶质的物质的量（mol）。若在 1 L 溶液中含有 2 mol 的溶质，其浓度为 2 mol/L。

计算公式：

$$物质的量浓度 = \frac{溶质的质量}{溶质分子量}（溶解后定容到 1000\,ml）$$

称取溶质的质量（g）= 需配制溶液的物质的量浓度 × 溶质的分子量 × $\dfrac{需配制溶质体积（ml）}{1000}$

例如，配制 2 mol/L 碳酸钠溶液 500 ml（Na_2CO_3 的分子量为 106）。

$$2 \times 106 \times \dfrac{500}{1000} = 106 \text{ g}$$

将 106 g 无水碳酸钠溶解后，在容量瓶中稀释定容至 500 ml。

如果以 1000 g 溶剂中含有溶质的物质的量表示溶液的浓度，则得重量物质的量浓度。其计算方法与前者类似。由于重量物质的量浓度的溶液中溶质和溶剂是以重量计算的，所以不受温度的影响。

（李恩民）

主要参考文献

［1］朱利泉. 基础生物化学实验原理与方法. 北京：科学出版社，2020.

［2］仲其军，江兴林，范颖. 生物化学检验. 武汉：华中科技大学出版社，2017.

［3］孙爱华，杜蓬. 生物化学与分子生物学实验. 北京：科学出版社，2020.

［4］罗先群，曹献英. 生物化学实验. 北京：化学工业出版社，2015.

［5］周浩，赵玉红. 基础生物化学实验. 天津：南开大学出版社，2018.

［6］谭志文. 生物化学综合实验. 北京：化学工业出版社，2015.

［7］马文丽，李凌. 生物化学与分子生物学实验指导. 北京：人民军医出版社，2011.

［8］田英，乔新惠. 生物化学实验与技术. 北京：科学出版社，2016.

［9］李凌，吕立夏. 生物化学实验指导. 北京：人民卫生出版社，2020.

［10］李俊，张冬梅，陈钧辉. 生物化学实验. 北京：科学出版社，2021.

［11］王元秀，朱长俊. 生物化学实验. 武汉：华中科技大学出版社，2022.

［12］陈传红，黄德娟. 现代生物化学实验教程. 北京：化学工业出版社，2022.

［13］陈传红，黄德娟. 生物化学学习指导与实验教程. 合肥：安徽大学出版社，2019.

［14］孙梅好，蒲首丞. 生物化学实验. 北京：中国轻工业出版社，2021.

［15］丛峰松. 生物化学实验. 2版. 上海：上海交通大学出版社，2013.

［16］李凌，喻红. 生物化学实验指导. 郑州：郑州大学出版社，2020.